LE POUVOIR

KRESNIK

LA VOIE ANCESTRALE DE LA GUERISON SPIRITUELLE SYNERGIE AVEC LES CRISTAUX

INTRODUCTION

Bienvenue dans le monde mystérieux et fascinant du Kresnik, une pratique ésotérique qui puise ses racines dans les traditions anciennes des Balkans et qui est en parfaite adéquation avec la tendance actuelle de la thérapie holistique. Ce livre est une invitation à découvrir cette voie ancestrale de la guérison spirituelle en synergie avec les cristaux, qui vise à prendre soin de l'être humain dans sa globalité en considérant tous les niveaux de son être.

Si vous cherchez à explorer votre être intérieur, à trouver votre voie dans la vie et à développer votre potentiel personnel, alors ce livre est fait pour vous. Le Kresnik repose sur la méditation, l'utilisation de cristaux et la connexion avec les énergies de la nature. Elle peut aider à guérir les blessures émotionnelles et physiques, à stimuler la créativité, à développer des relations positives avec les autres, et à trouver un équilibre dans sa vie.

Dans ce livre, vous apprendrez les concepts clés du Kresnik, comment les mettre en pratique dans votre vie quotidienne, et comment utiliser les pierres pour amplifier les effets de la méditation. Ce livre est un véritable guide pour ceux qui cherchent à améliorer leur santé de manière holistique en utilisant les propriétés énergétiques des cristaux. Une lecture enrichissante pour tous ceux qui souhaitent prendre soin de leur corps et de leur esprit de manière globale. Le Kresnik est une voie spirituelle personnelle et unique qui vous aidera à explorer votre être intérieur, à vous connecter avec les énergies de la nature, et à vous épanouir dans tous les aspects de votre vie.

LE BUT DE CE LIVRE

LES OBJECTIFS DE CE LIVRE SUR LE KRESNIK

Les objectifs de ce livre sur le Kresnik sont multiples. Tout d'abord, il s'agit de révéler les secrets cachés derrière cette énergie mystique, qui est à la fois puissante et subtile. Le Kresnik est un phénomène fascinant qui mérite d'être étudié en profondeur, car il est capable de transformer l'être humain en un être détaché quasi divin.

En explorant les différentes facettes du Kresnik, ce livre vous emmènera dans un voyage spirituel au-delà de votre imagination. Vous découvrirez les mystères de l'astral, où les esprits et les âmes errent dans un monde invisible à nos yeux. Vous comprendrez comment le Kresnik vous aidera à utiliser vos chakras, ces centres d'énergie qui vibrent en nous et qui peuvent être équilibrés pour atteindre des états de conscience supérieurs.

Vous apprendrez à interpréter les signes et les symboles qui se présentent à vous, traduits par la pratique du Kresnik pour vous aider à comprendre les messages cachés dans les rêves et les visions. Enfin, ce livre vous conduira sur les traces d'une pratique qui vous aider à comprendre les mystères de la santé et la puissance de l'esprit.En embrassant le Kresnik, vous pourrez acquérir une connaissance profonde des forces invisibles qui gouvernent notre monde, et devenir un véritable maître de votre destinée.

En somme, ce livre sur le Kresnik est une invitation à un voyage fascinant à travers les mondes subtils de l'esprit, où vous pourrez découvrir votre véritable nature et votre potentiel dessiné par le divin.

COMMENT CE LIVRE PEUT AIDER LES LECTEURS À UTILISER LE KRESNIK POUR LEUR DÉVELOPPEMENT PERSONNEL

Le Kresnik est un puissant outil de développement personnel, permettant d'accéder à des niveaux de conscience supérieurs et de se connecter avec notre véritable nature spirituelle. En travaillant avec le Kresnik, les lecteurs pourront apprendre à mieux comprendre leur propre énergie et à libérer les blocages qui les empêchent de se réaliser pleinement.

L'utilisation du Kresnik permettra aux lecteurs de se connecter avec les forces de l'univers et de travailler en harmonie avec elles pour atteindre leurs objectifs de vie. Les cristaux doivent également être utilisés en conjonction avec le Kresnik pour renforcer son potentiel et pour aider à équilibrer les centres énergétiques du corps, ou chakras.

Les lecteurs apprendront également comment utiliser le Kresnik pour accéder à des informations intuitives et pour améliorer leur compréhension des rêves et des visions grâce à l'analyse des symboles de la nature, des symboles géométrique et des totems animaux. En travaillant avec le Kresnik, ils pourront apprendre à mieux se connaître eux-mêmes et à développer une plus grande conscience de leur propre chemin spirituel.

En somme, ce livre sera une ressource inestimable pour tous ceux qui cherchent à approfondir leur pratique spirituelle et à explorer les vastes possibilités de leur propre conscience.

Définition du Kresnik

Origine du mot "Kresnik"

Le mot Kresnik a des racines profondes dans les anciennes traditions des Balkans et trouve son origine dans les pratiques mystiques des peuples autochtones. Selon les enseignements ésotériques, ce mot mystique est associé à un être spirituel très puissant, capable de transcender les limites de l'espace et du temps. Les adeptes de l'ésotérisme considèrent le Kresnik comme une figure mythique associée à la sagesse, à la guérison et à la protection contre les forces sombres et néfastes qui peuvent entraver notre chemin spirituel. Dans les cercles ésotériques, le Kresnik est souvent considéré comme un symbole de la transformation intérieure et de la transmutation des énergies négatives en énergies positives pour accéder à un état de conscience plus élevé. Les mystiques des Balkans ont transmis ce mot sacré de génération en génération pour aider les gens à comprendre les secrets de l'univers et à se connecter avec les énergies divines qui les entourent.

Ainsi, le mot "Kresnik" résonne comme un murmure ancestral qui évoque des temps oubliés où la magie et le mysticisme étaient omniprésents. Selon la légende, le mot "Kresnik" est étroitement lié aux énergies cosmiques qui ont été transmises à travers les âges par les sages et les mystiques de toutes les cultures.

Certains disent que le mot "Kresnik" est dérivé du mot slave "Kres", qui signifie "aube". Cela évoque l'idée d'un nouveau départ, d'une renaissance de l'âme qui se produit au moment où la lumière du soleil commence à émerger de l'horizon. D'autres pensent que le mot "Kresnik" vient du mot "krasen", qui signifie "beau" ou "radieux". Cela suggère que le Kresnik est une force qui incarne la beauté et la lumière, et qui peut guider les âmes sur leur chemin spirituel.

Le Kresnik est en réalité tout à la fois, et il dégage une énergie puissante et mystique qui résonne en chacun de nous, prête à être découverte et explorée.

LES DIFFÉRENTES INTERPRÉTATIONS DU KRESNIK SELON LES CULTURES

Dans la tradition ésotérique, le Kresnik est considéré comme un être mystique et polyvalent qui a été interprété différemment selon les cultures. Dans la culture slovène, le Kresnik est considéré comme un guerrier divin qui protège les terres et les gens contre les forces obscures. Dans les Balkans, le Kresnik est associé à la guérison et aux pouvoirs de guérison, tandis que dans la culture slave orientale, il est considéré comme un messager des dieux et un symbole de la sagesse.

Dans la culture païenne, le Kresnik est considéré comme un maître de la nature, capable de communiquer avec les esprits de la nature et de comprendre les lois de l'univers. Certaines interprétations modernes du Kresnik le considèrent comme un être doté de pouvoirs psychiques et capables de voyager dans les dimensions supérieures de l'existence. Quelle que soit l'interprétation, le Kresnik reste un être mystérieux et puissant qui continue d'inspirer et de fasciner, et la pratique méditative du Kresnik vous aidera à développer tout votre potentiel et atteindre la plénitude.

Comment le Kresnik est perçu dans la société moderne

La puissance du Kresnik est ressentie dans l'essence de chaque être humain, mais sa compréhension est souvent limitée dans la société moderne, bien trop matérialiste et impatiente pour en comprendre la portée. Certains le voient comme une simple figure mythologique, tandis que d'autres cherchent à percer les secrets de son pouvoir divin et à le découvrir dans leur propre être intérieur. De nombreux adeptes de la spiritualité considèrent le Kresnik comme une source d'inspiration et un guide spirituel qui les aide à découvrir leur propre potentiel. Ils utilisent des techniques ésotériques pour entrer en contact avec cette énergie intérieure et travailler avec elle pour leur développement personnel.

Malheureusement, la plupart des gens ne sont pas conscients de l'existence du Kresnik, ou ignorent sa signification profonde. Ils se concentrent sur les aspects matériels de la vie et ne cherchent pas à découvrir leur propre essence spirituelle.

Cependant, il y a une prise de conscience croissante de l'importance de la spiritualité dans la société moderne, et de plus en plus de personnes cherchent à comprendre le Kresnik et à travailler avec cette énergie pour leur propre bien-être et celui de leur entourage, comme le l'humanité tout entière.

L'IMPORTANCE DU KRESNIK DANS LE DÉVELOPPEMENT PERSONNEL

LES DIFFÉRENTES FAÇONS DONT LE KRESNIK PEUT AIDER À DÉVELOPPER SA PERSONNALITÉ

Lorsque l'on ouvre son esprit à la puissance du Kresnik, on peut accéder à un potentiel de transformation personnelle incroyable. Il peut aider à équilibrer les chakras, à éveiller la conscience spirituelle, à augmenter la confiance en soi et à stimuler la créativité. Le Kresnik peut également aider à améliorer la santé physique et mentale, à augmenter l'énergie vitale et à éliminer les blocages émotionnels. En se connectant avec l'énergie du Kresnik, on peut trouver sa voie spirituelle, développer sa médiumnité et accéder à des niveaux de conscience supérieurs. En somme, le Kresnik est un outil puissant pour se connecter avec soi-même, avec les autres et avec l'univers tout entier.

L'utilisation du Kresnik pour son développement personnel peut offrir de nombreux avantages pour ceux qui cherchent à explorer leur potentiel spirituel. En se connectant à l'énergie de ce guerrier protecteur par des pratiques de méditation en synergie avec des cristaux et des pierres précieuses, on peut développer une plus grande confiance en soi et un sentiment de sécurité intérieure. Le Kresnik peut également aider à renforcer les liens familiaux et communautaires, en favorisant une plus grande compréhension de nos racines et de notre héritage culturel. En travaillant avec le Kresnik, on peut également développer une plus grande clarté mentale, une intuition plus aiguisée et une sensibilité accrue aux signes et aux symboles. Ce faisant, on peut se sentir plus en harmonie avec les forces spirituelles qui nous entourent et trouver un sens plus profond à notre vie.

LES TÉMOIGNAGES DE PERSONNES AYANT UTILISÉ LE KRESNIK POUR LEUR DÉVELOPPEMENT PERSONNEL

Les témoignages de personnes ayant utilisé le Kresnik pour leur développement personnel sont nombreux et éloquents. Ces êtres ont réussi à trouver leur chemin grâce à cette énergie spirituelle. L'un d'entre eux a déclaré : "J'ai ressenti une énergie puissante et apaisante lorsque j'ai commencé à pratiquer le Kresnik. Il m'a aidé à me connecter à mon essence profonde et à me libérer de mes peurs et de mes doutes. Je suis devenu plus conscient de mes propres besoins et de ceux des autres, ce qui m'a permis de renforcer mes relations et de mieux communiquer mes sentiments." Une autre personne a témoigné : "Depuis que j'ai commencé à travailler avec le Kresnik, j'ai remarqué une augmentation significative de ma confiance en moi et de ma créativité. J'ai été capable de sortir de ma zone de confort et de prendre des risques qui ont finalement conduit à des résultats positifs dans ma vie professionnelle et personnelle." Ces témoignages sont un reflet des multiples avantages que peut offrir l'utilisation du Kresnik pour la croissance personnelle.

Le Kresnik et le développement personnel

L'histoire et les principes du Kresnik

Les origines du Kresnik

Le Kresnik, dont le nom résonne dans les éthers du temps, est une force mystique ancestrale qui a traversé les âges et les cultures. Il est difficile de déterminer précisément son origine, tant elle est lointaine et enfouie dans l'obscurité des temps anciens. Cependant, certains textes ésotériques nous permettent de remonter le fil de son histoire.

Selon les récits anciens, le Kresnik serait né dans les régions montagneuses de l'Europe centrale, où les populations croyaient en l'existence d'un être suprême, créateur du monde, qui se manifestait à travers les éléments naturels. Le Kresnik aurait été l'un des premiers êtres à avoir compris les mécanismes de cette force mystique et à avoir su l'utiliser pour sa propre croissance personnelle et pour aider les autres.

Au fil des siècles, le Kresnik a voyagé à travers les cultures et les civilisations, adoptant de nouvelles formes et de nouveaux noms, mais toujours en gardant son essence mystique. Dans certaines cultures, il est devenu un guerrier divin, protecteur des âmes et des terres. Dans d'autres, il est devenu un sage, détenteur de connaissances secrètes sur la nature de l'univers. Dans tous les cas, le Kresnik a toujours été perçu comme une force bienveillante, qui guide les êtres humains sur leur chemin de développement personnel.

Aujourd'hui, le Kresnik est de plus en plus étudié et utilisé dans le cadre de la croissance personnelle. Les recherches scientifiques modernes permettent de mieux comprendre les mécanismes de son action sur le psychisme humain, mais sa nature mystique reste toujours aussi mystérieuse et envoûtante. Les enseignements du Kresnik continuent d'inspirer les personnes en quête de spiritualité et de développement personnel, en leur offrant une perspective unique sur leur place dans l'univers et sur leur potentiel caché.

LES DIFFÉRENTES PRATIQUES DU KRESNIK

Le Kresnik, cette pratique mystique d'origine ancienne, est riche en différentes pratiques qui varient selon les traditions et les cultures. Dans certaines cultures, le Kresnik est considéré comme un guérisseur spirituel, capable de guérir les maux physiques et mentaux, tandis que dans d'autres, il est vu comme un chasseur de vampires ou un guerrier divin.

En Slovénie, le Kresnik est souvent associé à la guérison et à la protection contre les maladies. Les guérisseurs Kresnik utilisent des méthodes traditionnelles, telles que l'utilisation de plantes médicinales, la prière et les incantations, pour guérir les maladies et soulager la douleur.

En Croatie, le Kresnik est souvent considéré comme un guerrier divin qui peut combattre les forces du mal et protéger la communauté. Les pratiques associées au Kresnik incluent souvent la danse et la musique, ainsi que des rituels qui impliquent des offrandes et des prières.

En Slovaquie, le Kresnik est souvent associé à la chasse aux vampires. Les adeptes du Kresnik sont considérés comme des chasseurs de vampires qui peuvent vaincre ces créatures surnaturelles grâce à leur force spirituelle et leur connaissance des pratiques ésotériques.

Dans tous les cas, la pratique du Kresnik implique souvent une forte connexion avec les énergies spirituelles et l'utilisation de méthodes ésotériques pour atteindre des objectifs spécifiques. Les pratiques du Kresnik peuvent inclure la méditation, la prière, l'incantation, l'utilisation de cristaux et de talismans, ainsi que d'autres méthodes ésotériques pour se connecter avec les énergies de l'univers et atteindre un état de bien-être spirituel.

En France, il existe également des pratiques liées au Kresnik. Certaines personnes s'inspirent de l'ésotérisme slave et intègrent le Kresnik à leur pratique spirituelle. D'autres, quant à eux, se tournent vers des techniques de développement personnel basées sur les enseignements du Kresnik, notamment en utilisant des symboles, des cristaux et des rituels pour favoriser leur développement psychique intérieur. De plus en plus de gens sont attirés par la sagesse ancestrale que représente le Kresnik, et cherchent à l'intégrer dans leur vie quotidienne pour atteindre un état de bien-être et d'harmonie avec eux-mêmes et le monde qui les entoure.

LES PRINCIPES FONDAMENTAUX DU KRESNIK

LA NATURE DE L'ESPRIT DANS LA PRATIQUE DU KRESNIK

Les différents niveaux de conscience dans le Kresnik

La pratique du Kresnik distingue généralement trois niveaux de conscience : le niveau physique, le niveau astral et le niveau spirituel.

Au niveau physique, le Kresnik permet une prise de conscience de notre corps et de notre environnement matériel. On se reconnecte à notre corps physique, on apprend à écouter ses signaux et à le nourrir correctement. C'est un premier pas important pour l'éveil de la conscience.

Le niveau astral est un monde subtil où les énergies circulent et où les pensées prennent forme. Dans le Kresnik, on apprend à se connecter à ce niveau de conscience pour travailler sur nos émotions, nos blocages énergétiques et nos projections mentales. Les pratiques méditatives du Kresnik, la visualisation ou la prière, permettent d'explorer ce monde intérieur et de le transformer en profondeur.

Enfin, le niveau spirituel est le niveau le plus élevé de conscience dans le Kresnik. C'est le royaume des âmes, des guides spirituels et des énergies divines. Dans ce niveau, on se connecte à la source de toute vie et on se laisse guider par l'intelligence cosmique. Les pratiques du Kresnik permettent de s'ouvrir à cette dimension spirituelle et de développer notre intuition, notre clairvoyance et notre compassion.

On peut remarquer que ces trois niveaux de conscience se retrouvent dans de nombreuses pratiques ésotériques, comme la méditation, le yoga ou la magie. Le Kresnik ne fait pas exception, mais il offre une approche particulièrement riche et complète de la conscience. En développant notre conscience à ces différents niveaux, on accède à un potentiel incroyable de transformation et de réalisation de soi.

La nature de l'intuition et de la perception extrasensorielle

L'intuition est considérée comme un moyen de percevoir le monde qui nous entoure à travers une compréhension directe, sans passer par les processus de raisonnement ou de logique. Cela implique que l'intuition se situe à un niveau supérieur de conscience, qui va au-delà des limites de la pensée rationnelle. Dans cette pratique ésotérique, l'intuition est considérée comme un canal de communication avec des réalités supérieures.

Quant à la perception extrasensorielle, elle désigne la capacité à percevoir des informations qui sont en dehors des cinq sens physiques. Cette faculté se manifeste à travers différentes formes, telles que la clairvoyance, la clairaudience, la télépathie, la psychométrie, etc[†]. Dans le Kresnik, la perception extrasensorielle est une compétence très importante pour se connecter avec des énergies et des forces supérieures.

En comparant avec les pratiques ésotériques classiques, on retrouve des similitudes et des différences. Par exemple, la perception extrasensorielle est également une pratique courante dans d'autres formes de spiritualité et de méditation, comme le yoga ou la méditation transcendantale. Cependant, le Kresnik insiste sur la nécessité de développer la perception extrasensorielle à travers la pratique de rituels spécifiques et d'exercices énergétiques.

Dans le Kresnik, l'utilisation de la perception extrasensorielle est principalement destinée à la communication avec des entités supérieures, telles que les esprits de la nature, les divinités ou les ancêtres. Cela permet aux pratiquants d'obtenir des conseils et des

---

[†] Cette faculté est souvent appelée perception extrasensorielle (PES) ou perception parapsychologique. Les différentes formes de cette faculté mentionnées sont :
La clairvoyance : la capacité de percevoir des informations ou des objets à distance, sans les voir physiquement.
La clairaudience : la capacité de percevoir des sons ou des voix qui ne peuvent pas être entendus physiquement.
La télépathie : la capacité de communiquer mentalement avec d'autres personnes, sans utiliser les cinq sens classiques.
La psychométrie : la capacité de percevoir des informations sur une personne ou un objet en entrant en contact avec lui, par exemple en le touchant.

orientations pour leur développement personnel, ainsi que de recevoir des guérisons énergétiques.

La méditation dans la pratique du Kresnik

La méditation est le fondement de la pratique du Kresnik. Elle permet de se connecter avec son moi intérieur et avec les énergies cosmiques qui nous entourent. La méditation dans le Kresnik n'est pas seulement une pratique de détente, mais un outil de transformation personnelle et spirituelle.

Pendant la méditation, les pratiquants se concentrent sur leur respiration et se libèrent de leurs pensées et émotions négatives. Cela permet de faire le vide en soi et de se connecter avec les forces spirituelles qui nous entourent.

La méditation est également utilisée pour accéder à des états de conscience modifiés, permettant de voir les choses sous un angle différent et d'acquérir une meilleure compréhension de soi-même et de son environnement. Les pratiquants utilisent la méditation Kresnik pour atteindre des états de conscience supérieurs, où ils peuvent accéder à des connaissances et des compréhensions plus profondes.

Le Kresnik peut être pratiquée de différentes manières, que ce soit en silence, en utilisant des visualisations ou des affirmations, ou en utilisant des mantras et des mudras pour se connecter avec des énergies spécifiques. La pratique régulière de la méditation dans le Kresnik permet de développer une plus grande sensibilité aux énergies spirituelles et de favoriser une croissance personnelle plus profonde.

Pour débuter une séquence de méditation dans le Kresnik, il est important de créer un espace sacré propice à la méditation. Vous pouvez choisir de le faire chez vous, dans un parc ou dans une forêt, tant que l'endroit est calme et paisible. Vous pouvez utiliser des cristaux pour renforcer votre intention de méditation et pour faciliter l'ouverture de vos chakras.

Avant de commencer la méditation, prenez quelques instants pour vous concentrer sur votre respiration et pour vous détendre. Fermez les yeux et visualisez un flux d'énergie blanc pur qui descend du sommet de votre tête et qui enveloppe tout votre corps. Visualisez-vous plongé dans une lumière blanche éclatante qui purifie votre esprit et votre corps.

Ensuite, vous pouvez choisir une technique de méditation qui vous convient le mieux. Certaines personnes aiment se concentrer sur un mantra, tandis que d'autres préfèrent visualiser un objet ou un paysage. Quelle que soit votre méthode, il est important de rester concentré et de ne pas laisser votre esprit vagabonder.

Après la méditation, prenez quelques minutes pour vous reposer et pour vous ressourcer. Vous pouvez aussi utiliser des cristaux pour vous aider à vous recentrer et à renforcer l'énergie que vous avez cultivée pendant la méditation.

Rappelez-vous que la pratique régulière de la méditation est essentielle pour développer votre intuition et votre perception extrasensorielle, ainsi que pour renforcer votre connexion avec le Kresnik.

Les mudras et les chakras à utiliser dans le Kresnik

Voici un tableau des mudras et des mantras qu'on peut utiliser en méditation Kresnik.

Mudra	Description	Effet
Gyan mudra	L'index et le pouce sont touchés, les autres doigts sont étendus.	Amélioration de la concentration, stimulation de la sagesse et de la compréhension.
Chin mudra	L'index et le pouce sont touchés, les autres doigts sont étendus et reposent sur les genoux.	Favorise la concentration, la méditation et la relaxation.
Prithvi mudra	Le bout de l'annulaire et le bout de l'auriculaire touchent le bout du pouce, les autres doigts sont étendus.	Renforce la confiance en soi, améliore la digestion et l'énergie.
Varuna mudra	Le bout de l'auriculaire touche le bout du pouce, les autres doigts sont étendus.	Équilibre l'eau dans le corps, soulage les douleurs articulaires et aide à la purification.
Shuni mudra	Le bout du majeur touche le bout du pouce, les autres doigts sont étendus.	Favorise la concentration, stimule l'intuition et la patience.

Mantra	Description	Effet
Om	Une syllabe sacrée souvent utilisée comme un son de base dans la méditation.	Apporte la paix intérieure et la sérénité, améliore la concentration et l'harmonie spirituelle.
Aum	Une variante de Om, souvent utilisée dans la méditation Kresnik.	Améliore la concentration, réduit le stress et renforce le lien avec le divin.
So Hum	Une expression sanskrite signifiant « Je suis cela ». Soufflez « So » sur l'inspiration et « Hum » sur l'expiration.	Favorise la relaxation, la confiance en soi et la prise de conscience de sa propre essence.
Ham Sa	Une expression sanskrite signifiant « Je suis cela ». Prononcez « Ham » sur l'inspiration et « Sa » sur l'expiration.	Stimule la conscience de la respiration et améliore la concentration.
Sat Nam	Une expression sanskrite signifiant « Vérité est mon nom ». Prononcez « Sat » sur l'inspiration et « Nam » sur l'expiration.	Améliore la concentration, la confiance en soi et la connexion avec le divin.

Il est important de noter que les effets de chaque mudra et mantra peuvent varier en fonction de chaque individu et de chaque pratique de méditation.

LES PRINCIPES UNIVERSELS DANS LE KRESNIK

La loi de l'attraction dans le Kresnik

La loi de l'attraction est un concept central dans la pratique du Kresnik. Selon cette loi, tout ce que nous pensons et ressentons attire à nous des événements, des personnes et des circonstances correspondant à ces pensées et sentiments. Cela signifie que si nous avons des pensées positives et des émotions élevées, nous attirons des expériences positives et enrichissantes. En revanche, si nous avons des pensées négatives et des émotions basses, nous attirons des expériences négatives et difficiles.

Dans l'ésotérisme classique, la loi de l'attraction est également connue sous le nom de "pouvoir de l'intention" ou "pouvoir de la pensée". Cependant, dans le Kresnik, cette loi est utilisée de manière plus spécifique et structurée, en utilisant des techniques de visualisation et de programmation mentale pour manifester des résultats spécifiques dans la vie d'une personne.

La loi de l'attraction dans le Kresnik repose sur l'idée que chaque personne a un potentiel illimité et qu'il est possible de réaliser tous ses rêves et aspirations en s'alignant sur la fréquence vibratoire de l'univers. Pour ce faire, les pratiquants du Kresnik se concentrent sur la visualisation de leurs désirs et intentions, en utilisant des images mentales précises pour les attirer dans leur vie. Ils utilisent également des affirmations positives pour renforcer leur foi et leur conviction en la manifestation de leurs désirs.

En comparaison avec l'ésotérisme classique, la loi de l'attraction dans le Kresnik est plus axée sur la pratique quotidienne et l'expérimentation personnelle, plutôt que sur la théorie ou la connaissance intellectuelle. Les pratiquants du Kresnik sont encouragés à expérimenter et à ajuster leurs techniques pour trouver ce qui fonctionne le mieux pour eux, plutôt que de suivre des enseignements rigides ou dogmatiques.

La loi de cause et d'effet dans le Kresnik

La loi de cause et d'effet stipule que chaque action entreprise par un individu aura une répercussion sur sa vie future. Cela signifie que les pensées et les actions d'une personne façonnent son destin. Cette loi implique également la notion de responsabilité personnelle, car chacun est responsable des conséquences de ses actes.

Dans l'ésotérisme classique, la loi de cause et d'effet est également connue sous le nom de "loi de karma". Cependant, dans le Kresnik, cette notion est considérée comme étant plus flexible et moins rigide que dans l'ésotérisme classique. En effet, dans le Kresnik, il est possible de modifier son karma grâce à la pratique de certaines techniques, telles que la visualisation pendant la méditation.

Par ailleurs, contrairement à la loi de l'attraction dans l'ésotérisme classique qui met l'accent sur le pouvoir de la pensée positive pour attirer les événements désirés, la loi de cause et d'effet dans le Kresnik ne se limite pas à la pensée positive. Elle englobe toutes les actions entreprises par l'individu, qu'elles soient positives ou négatives, et les conséquences qui en découlent.

La loi de cause et d'effet dans le Kresnik permet à l'individu de prendre conscience de la responsabilité qui est la sienne dans la création de son destin. Elle l'invite à agir de manière consciente et réfléchie afin de s'assurer que les conséquences de ses actes soient bénéfiques pour lui-même et pour les autres.

La loi de l'équilibre dans le Kresnik

La loi de l'équilibre permet de maintenir l'harmonie entre les différentes forces et énergies qui constituent l'univers. Contrairement à la loi de l'attraction dans l'ésotérisme classique, qui met l'accent sur la manifestation de nos désirs et aspirations, la loi de l'équilibre vise à maintenir une balance juste entre les polarités de la vie, afin de ne pas basculer dans un excès qui pourrait causer des déséquilibres.

Dans le Kresnik, la loi de l'équilibre s'applique à tous les niveaux de l'existence, que ce soit sur le plan physique, émotionnel, mental ou spirituel. Ainsi, chaque action entreprise doit être mesurée avec soin, car elle aura une incidence sur l'équilibre global de l'univers. De même, les émotions doivent être canalisées et équilibrées pour éviter les déséquilibres énergétiques.

Pour maintenir l'équilibre dans le Kresnik, il est donc essentiel de cultiver une conscience aiguë de soi et de son environnement, ainsi qu'une grande sagesse dans les choix et les décisions prises. Cette pratique permet de développer un sens aigu de la justesse et de l'harmonie, et de se relier à l'énergie universelle pour atteindre un état de paix et de plénitude intérieure.

L'IMPORTANCE DE L'ÉNERGIE DANS LE KRESNIK

La compréhension de l'énergie dans la pratique du Kresnik

Dans la pratique du Kresnik, la compréhension de l'énergie est essentielle. Selon cette doctrine, tout être vivant possède une énergie vitale, appelée aussi "prana" ou "chi", qui circule dans le corps et le maintient en vie. Cette énergie est considérée comme la force de vie qui anime tout être vivant, végétaux comme animaux. Elle circule dans le corps par des canaux appelés "méridiens" et elle est influencée par les émotions, les pensées et l'environnement extérieur.

Dans le Kresnik, les principes de l'énergie vitale sont centrés sur l'équilibre et l'harmonie. La pratique vise à maintenir un flux constant d'énergie vitale dans le corps et à rétablir l'équilibre lorsque celui-ci est perturbé. Pour cela, des techniques de respiration, de méditation et de mouvement sont utilisées.

En parallèle à cette énergie vitale, il existe également une énergie universelle, appelée aussi "énergie divine" ou "énergie cosmique". Cette énergie est présente partout dans l'univers et peut être canalisée par les êtres humains pour accéder à une compréhension plus profonde de la vie et pour se connecter avec les forces supérieures.

La méditation est un moyen privilégié pour canaliser ces deux types d'énergie. En se concentrant sur sa respiration et en vidant son esprit, on peut apprendre à ressentir et à manipuler l'énergie vitale qui circule dans son corps. Par la suite, il est possible de canaliser l'énergie universelle pour se connecter avec le cosmos et accéder à des connaissances plus profondes.

Il est important de noter que la compréhension de l'énergie dans la pratique du Kresnik diffère de celle de l'ésotérisme classique. Dans cette dernière, l'énergie est souvent décrite comme une force impersonnelle et neutre qui peut être utilisée pour obtenir des résultats pratiques, tandis que dans le Kresnik, elle est davantage perçue comme une force vivante et consciente qui peut être utilisée pour se connecter avec le cosmos et atteindre une compréhension plus profonde de la vie.

L'utilisation de l'énergie dans les pratiques du Kresnik

Dans les pratiques du Kresnik, l'énergie est considérée comme la force vitale qui anime tout être vivant et qui est présente en tout lieu de l'univers. Cette énergie peut être canalisée et utilisée pour la guérison énergétique et la méditation.

La guérison énergétique est une technique qui consiste à utiliser l'énergie pour équilibrer et harmoniser les différents aspects de l'être humain, qu'ils soient physiques, émotionnels ou spirituels. Dans le Kresnik, la guérison énergétique est considérée comme un moyen de restaurer l'équilibre et l'harmonie dans le corps et l'esprit et cette guérison passe par la pratique méditative Kresnik pour amplifier les pratiques médicinales classiques. Ces guérisons sont souvent liées à la potentialisation des traitements cliniques des cas de maladies chroniques ou incurables.

En outre, la méditation est une autre pratique qui utilise l'énergie pour atteindre des états de conscience supérieurs et pour se connecter à l'énergie universelle. La méditation Kresnik est considérée comme un moyen de se connecter à l'énergie universelle pour atteindre un état de conscience plus élevé, de développer l'intuition et de renforcer la connexion avec le divin.

Comprendre les symboles du Kresnik

Les animaux totems

Le loup

La signification symbolique du loup dans le Kresnik est multiple. D'une part, il représente la sagesse et l'intelligence, ainsi que la force et le courage nécessaires pour surmonter les obstacles de la vie. D'autre part, le loup est associé à la transformation et à la renaissance, symbolisant la capacité de l'individu à se renouveler et à se transformer en un être meilleur.

Le loup est considéré comme un messager divin et un guide spirituel, jouant un rôle essentiel dans les cérémonies et rituels du Kresnik. L'historique et la génèse de cette symbolique remontent à des temps immémoriaux, où les anciens du peuple Kresnik observaient les loups et les considéraient comme des êtres puissants et mystérieux.

Dans le monde moderne, la symbolique du loup dans le kresnik continue d'être pertinente. Elle peut être utilisée pour inspirer les individus à chercher leur propre sagesse intérieure et à trouver le courage nécessaire pour affronter les défis de la vie. La symbolique du loup peut également aider les individus à comprendre leur propre processus de transformation et de renouvellement, les aidant ainsi à atteindre leur plein potentiel.

Enfin, la symbolique du loup dans le Kresnik est un rappel de la puissance et de la magie de la nature, ainsi que de la capacité de l'être humain à se connecter avec des forces supérieures. En incorporant cette symbolique dans leur vie quotidienne, les individus peuvent découvrir leur propre sagesse intérieure et trouver la force nécessaire pour réaliser leurs rêves et atteindre leur plein potentiel.

LE SYMBOLE DU CERF

Le cerf est une figure complexe et fascinante qui incarne de nombreuses qualités essentielles. Il est considéré comme un animal sacré qui représente la force, la sagesse et la régénération, et il est souvent représenté comme un guide spirituel, un messager des dieux, qui aide les chasseurs à trouver leur chemin dans la forêt.

La symbolique du cerf est multiforme : il représente à la fois la force et la puissance, mais aussi la douceur et la grâce. Cette dualité est au cœur de la symbolique du cerf, qui représente la capacité à être fort et courageux tout en restant humble et aimant. Le cerf est également associé à la régénération, car il perd et régénère ses bois chaque année, symbolisant ainsi le cycle éternel de la vie et de la mort.

Dans le monde moderne, la symbolique du cerf est toujours porteuse de sens car le cerf peut nous inspirer à être forts, courageux et aimants, tout en restant humbles et ouverts d'esprit avec les autres. Il peut également nous rappeler l'importance de la régénération et de la croissance continue dans nos vies.

Si vous souhaitez vous connecter à la symbolique du cerf, vous pouvez envisager d'acheter un bijou qui représente cet animal. Par exemple, un pendentif en forme de cerf peut vous aider à vous rappeler la force et la grâce de cet animal. Vous pouvez également méditer sur l'image du cerf pour vous connecter à sa symbolique profonde et recevoir des conseils spirituels de cet animal sacré.

LE SYMBOLE DU RENARD

Le Renard, symbole ancestral, est souvent associé à la ruse et à la tromperie. Mais en vérité, sa symbolique est beaucoup plus profonde. Dans les cultures ancestrales, le Renard était souvent vénéré pour sa sagesse et sa capacité à se fondre dans l'environnement qui l'entoure.

Selon les croyances populaires, le Renard possède une grande intelligence et une perspicacité hors du commun. Il est souvent considéré comme un messager entre les mondes, capable de transmettre des messages de l'au-delà à ceux qui sont prêts à les entendre.

Dans la tradition chamanique, le Renard est également un totem animal puissant qui peut aider les individus à trouver leur voie et à déjouer les pièges de l'ego. En méditant sur la symbolique du Renard, nous pouvons apprendre à être plus astucieux, plus agiles et plus flexibles dans notre vie quotidienne.

Le Renard est également un symbole de la transformation et de l'adaptabilité. Il est capable de changer de pelage en fonction de son environnement, ce qui en fait un symbole de la capacité à s'adapter aux changements de la vie.

En conclusion, le symbole du Renard est riche en significations et peut nous aider à approfondir notre compréhension de nous-mêmes et du monde qui nous entoure. En tant que talisman, un cristal‡ représentant le Renard peut être utilisé pour attirer la sagesse, l'agilité et la perspicacité dans nos vies.

LE SYMBOLE DE L'AIGLE

L'aigle est un symbole puissant et mystique qui a traversé de nombreuses cultures et traditions. Dans le Kresnik, l'aigle représente la sagesse, la clairvoyance et la force intérieure. Les peuples slaves l'ont souvent considéré comme un messager divin ou un guide spirituel. L'histoire de l'aigle en tant que symbole remonte à des milliers d'années. Dans les cultures anciennes, il était souvent associé aux dieux du ciel et représentait la connexion entre le monde terrestre et le monde spirituel. Les chamanes utilisaient souvent la symbolique de l'aigle pour entrer en transe et se connecter avec les esprits. Dans la symbolique moderne, l'aigle est souvent associé à la force, au pouvoir et à la liberté. Sa vision perçante et son vol majestueux en font un symbole de clairvoyance et de perspective. Les personnes qui se connectent avec la symbolique de l'aigle peuvent développer leur intuition et leur compréhension de la vie.

---

‡ Le cristal qui est souvent associé à l'énergie du renard est l'agate mousse. Cette pierre aide aussi à développer l'intuition, la créativité, la confiance en soi et l'agilité mentale, des caractéristiques associées à l'énergie du renard dans le Kresnik. L'agate mousse est également connue pour aider à renforcer la connexion avec la nature et les esprits animaux.

En pratique, la symbolique de l'aigle peut être utilisée pour aider les personnes à trouver leur voie et à découvrir leur véritable essence. En méditation, on peut visualiser l'aigle s'élevant au-dessus des nuages pour gagner en hauteur et en perspective. Les personnes qui portent des bijoux ou des cristaux avec la symbolique de l'aigle peuvent être inspirées par la force et la liberté qu'il représente.

Si vous cherchez à intégrer la symbolique de l'aigle dans votre vie, vous pouvez envisager d'acquérir un cristal tel que la pierre d'œil aigle ou la pierre de faucon, qui sont connus pour leur lien avec l'énergie de l'aigle. Ces pierres peuvent être portées ou utilisées en méditation pour vous aider à vous connecter avec l'énergie de l'aigle et à trouver votre véritable essence.

LE SYMBOLE DU SERPENT

Le serpent, est également présent dans le Kresnik. Son histoire remonte à l'aube des temps, lorsque les anciens vénéraient la divinité serpentine comme un être sacré et puissant. Le serpent symbolise la régénération, le renouveau et la sagesse. Son pouvoir de guérison est également bien connu, en raison de ses propriétés de renaissance et de transformation. Dans le Kresnik, le serpent est souvent associé à la magie, à la sorcellerie et à la divination. Les chamanes utilisent souvent la peau de serpent dans leurs rituels pour canaliser les énergies de guérison et de transformation. Le serpent est également considéré comme un guide spirituel pour ceux qui cherchent à trouver leur propre chemin et leur propre voix.

En tant que symbole, le serpent peut être transposé dans le monde moderne pour aider à la guérison, à la transformation personnelle et à la sagesse. Les bijoux ou les cristaux représentant le serpent peuvent être portés pour aider à attirer l'énergie du serpent dans sa vie, tandis que les rituels de guérison et de transformation peuvent inclure l'utilisation de la peau de serpent.

Si vous cherchez à intégrer la symbolique du serpent dans votre vie, vous pouvez envisager d'acquérir un cristal tel que la pierre de serpent ou la cornaline. Ces pierres peuvent être portées en pendentif, ou juste tenues dans la main pendant la méditation pour vous aider à vous connecter avec l'énergie du serpent et à trouver votre chemin intérieur. Ces pierres peuvent vous aider à vous libérer des aspects obsolètes de votre vie et à vous ouvrir à de nouvelles possibilités.

Les éléments naturels dans le Kresnik

La symbolique de la terre

Dans le Kresnik, la terre est considérée comme la source de toute vie et de toute énergie. Elle est le lieu de l'incarnation, de la croissance et de l'épanouissement. La terre représente également la stabilité et la sécurité, car elle est la base sur laquelle nous construisons nos vies. Elle nous rappelle notre ancrage et notre connexion à la nature.

Dans le Kresnik, la symbolique de la terre est associée à la fertilité, à la croissance et à l'abondance. Elle est également liée à la notion de transformation, car la terre est le lieu où tout est transformé. La terre est une source inépuisable d'énergie et que chacun peut se connecter à cette énergie pour nourrir son corps et son esprit.

Pour intégrer la symbolique de la terre dans votre vie, vous pouvez vous connecter à la nature en passant du temps à l'extérieur et en méditant sur la terre. Vous pouvez également porter des cristaux qui symbolisent la terre, tels que l'agate, le jaspe ou l'obsidienne, dans votre pratique du Kresnik. Ces cristaux peuvent vous aider à vous ancrer et à vous connecter à l'énergie de la terre.

La symbolique de la terre est une invitation à se connecter à notre essence la plus profonde et à la source de toute vie. Elle nous rappelle notre ancrage à la nature et notre capacité à transformer notre réalité en manifestant nos désirs les plus profonds.

LA SYMBOLIQUE DE L'EAU

L'eau est un élément puissant connu pour représenter la purification, la régénération et la transformation. Les Slaves croyaient que l'eau avait le pouvoir de laver les énergies négatives et de renouveler l'âme, et elle est également associée à la clairvoyance et à l'intuition.

Dans le Kresnik, l'eau est souvent utilisée lors de rituels de purification ou pour invoquer des énergies de guérison. Les lacs et les rivières sont considérés comme des lieux sacrés, des portails vers des mondes parallèles, et ces endroits sont habités par des esprits et des entités qui peuvent communiquer avec les humains. Les symboles de l'eau dans le Kresnik incluent des créatures aquatiques telles que les dauphins et les poissons, ainsi que des plantes telles que le nénuphar et le lotus. Le bleu est également une couleur associée à l'eau et est souvent utilisée dans les rituels pour représenter cet élément quand il n'est pas facile d'y accéder physiquement. Si vous cherchez à intégrer la symbolique de l'eau dans votre vie, vous pouvez méditer près d'une source d'eau naturelle ou utiliser des pierres associées à l'eau comme l'aigue-marine, la pierre de lune ou la calcédoine bleue. Ces pierres peuvent vous aider à vous connecter avec l'énergie de l'eau et à vous purifier.

LA SYMBOLIQUE DU FEU

Le feu représente la transformation, la purification et la régénération. Dans la tradition Kresnik, le feu est considéré comme un agent de transformation, capable de purifier et de renouveler l'âme et l'esprit. Le feu est également associé à l'énergie vitale, à la passion et à la créativité.

Le feu est un symbole complexe et puissant qui peut être utilisé dans de nombreuses pratiques spirituelles. Dans le Kresnik, il peut être invoqué pour purifier les espaces sacrés, les objets et les personnes. Il peut également être utilisé en méditation pour aider à renforcer la volonté et la détermination. Le feu peut être représenté sous différentes formes, telles que les flammes, les bougies ou les torches.

Pour intégrer la symbolique du feu dans votre pratique spirituelle, vous pouvez créer des autels dédiés au feu, allumer des bougies ou des encens, ou encore pratiquer des rituels qui impliquent le feu. Vous pouvez également méditer sur la flamme d'une bougie pour vous aider à trouver votre force intérieure et votre passion. Enfin, vous pouvez vous connecter à l'énergie du feu en vous entourant de couleurs chaudes et éclatantes telles que le rouge, l'orange et le jaune.

Dans le Kresnik, le cristal associé à la symbolique du feu est le jaspe rouge, qui est connu pour son pouvoir de transformation et de régénération. Ce cristal peut être porté en bijou, placé sur un autel ou tenu dans la main en méditation pour aider à renforcer la volonté et la passion.

LA SYMBOLIQUE DE L'AIR

Représentant la liberté et la légèreté, l'air est souvent associé à l'esprit et à l'intelligence dans le Kresnik. Les courants d'air invisibles et la brise légère peuvent apporter des messages divins et guider les êtres sur leur chemin spirituel. Pour se connecter à cet élément, la respiration est une pratique importante : elle permet la méditation et l'élévation de la conscience, où l'on peut utiliser l'air comme un outil pour calmer l'esprit et trouver l'harmonie. Les plumes et les oiseaux sont souvent associés à l'élément de l'air dans le Kresnik, et leur utilisation dans les rituels peut aider à établir une connexion avec l'énergie de l'air.

COMPRENDRE LES COULEURS DU KRESNIK

LA SIGNIFICATION DES COULEURS

Dans le Kresnik, les couleurs ont une signification profonde et sont utilisées pour communiquer des messages subtils à travers des symboles et des rituels. Les trois couleurs primaires, le rouge, le jaune et le bleu, sont particulièrement importantes et chacune d'elles est associée à une énergie spécifique.

En utilisant ces couleurs dans leur symbolisme, les pratiquants du Kresnik peuvent établir des liens plus profonds avec les énergies qui les entourent et s'aligner sur les forces de la nature.

Les couleurs primaires et leur signification

Rouge

Le rouge est la couleur de la passion, de l'amour et de la vitalité. C'est une couleur puissante qui évoque des émotions intenses et peut être utilisée pour stimuler l'énergie vitale et la libido. Dans le Kresnik, le rouge est associé au symbole du feu et peut être utilisé dans les rituels pour invoquer cette énergie. Par exemple, lors d'un rituel de purification, des bougies rouges peuvent être utilisées pour symboliser le feu purificateur qui nettoie l'âme et le corps.

Jaune

Le jaune est la couleur de la sagesse, de la connaissance et de la créativité. C'est une couleur qui évoque la lumière du soleil et peut être utilisée pour stimuler l'énergie mentale et l'inspiration. Dans le Kresnik, le jaune est souvent associé au symbole de l'air et peut être utilisé pour représenter la clarté de la pensée. Par exemple, lors d'une méditation, un tapis jaune peut être utilisé pour symboliser un champ ouvert de pensées claires et lumineuses.

Bleu

Le bleu est la couleur de la sérénité, de la paix et de l'harmonie. C'est une couleur qui évoque la profondeur de la mer et peut être utilisée pour calmer l'esprit et réduire le stress. Dans le Kresnik, le bleu est souvent associé au symbole de l'eau et peut être utilisé pour représenter la purification et la guérison. Par exemple, lors d'un rituel de guérison, un tissu bleu peut être utilisé pour symboliser l'eau curative qui nettoie les blessures émotionnelles et physiques.

Les couleurs secondaires et leur signification

Orange

L'orange, résultat de la combinaison du rouge et du jaune, est associé à l'énergie, à la vitalité et à la créativité. C'est une couleur stimulante qui peut aider à stimuler la motivation et à favoriser la croissance personnelle. Elle peut être utilisée dans les rituels de guérison pour aider à équilibrer les émotions et les énergies.

Vert

Le vert, obtenu en mélangeant du jaune et du bleu, est la couleur de l'harmonie et de l'équilibre. Elle est associée à la nature, à la croissance et à la guérison. Le vert peut aider à calmer l'esprit et à promouvoir la détente. Dans la symbolique Kresnik, le vert est utilisé pour représenter la connexion avec la nature et l'environnement.

Violet

Le violet, mélange de rouge et de bleu, est associé à la spiritualité, à la sagesse et à la transformation. C'est une couleur qui peut aider à ouvrir l'esprit et à favoriser la croissance spirituelle. Dans la symbolique Kresnik, le violet est utilisé dans les rituels de guérison pour aider à libérer les émotions bloquées et favoriser l'épanouissement personnel.

Les couleurs complémentaires et leur signification

Les couleurs complémentaires sont des paires de couleurs qui se trouvent directement opposées sur la roue chromatique. Elles possèdent des énergies complémentaires et créent un équilibre lorsqu'elles sont utilisées ensemble.

La paire Rouge et Vert représente l'équilibre entre le pouvoir et la croissance, la force et la vitalité. Le Rouge est associé à l'énergie, la passion et l'action, tandis que le Vert est associé à la nature, la croissance et l'harmonie.

Le Jaune et le Violet sont une paire énergisante et apaisante. Le Jaune est associé à l'intellect, à la clarté d'esprit et à la créativité, tandis que le Violet est associé à l'intuition, à la sagesse et à la spiritualité.

La paire Bleu et Orange symbolise l'harmonie entre l'esprit et le corps. Le Bleu est associé à la paix, la tranquillité et la communication, tandis que l'Orange est associé à l'énergie, à la joie de vivre et à la créativité.

Par exemple, pour représenter l'équilibre entre la passion et la nature, on pourrait utiliser du rouge et du vert dans une peinture ou une décoration intérieure. Pour stimuler la créativité et l'intuition, on pourrait porter des vêtements jaunes et violets. Enfin, pour créer une ambiance apaisante tout en maintenant une énergie créative, on pourrait décorer une pièce avec des tons bleu et orange.

COMPRENDRE LES FORMES DANS LE KRESNIK

Les formes sont omniprésentes dans le monde physique et spirituel, et chaque forme porte une énergie unique qui peut influencer notre état d'esprit, notre comportement et notre perception du monde qui nous entoure. Il est important de comprendre la signification des différentes formes pour mieux comprendre notre propre essence et notre place dans l'univers. Les formes peuvent être représentées par des symboles, des figures géométriques ou des motifs, et chacune d'entre elles porte une énergie spécifique qui peut être utilisée à des fins pratiques et spirituelles.

LES FORMES GÉOMÉTRIQUES ET LEUR SIGNIFICATION

Le Kresnik accorde une grande importance aux formes géométriques qui sont considérées comme des portails vers d'autres dimensions de la réalité. Le cercle est l'une des formes les plus sacrées dans le Kresnik, représentant l'unité, l'éternité et la perfection. Il symbolise également la vie, le mouvement et la création. Le triangle est une forme puissante dans le Kresnik, représentant la trinité, la stabilité et l'équilibre. Il est utilisé pour symboliser les trois éléments de la nature ou les trois états de la conscience : la pensée, l'émotion et l'action. Le carré représente la stabilité et la structure, tout en symbolisant l'ancrage et la matérialité. Il est utilisé pour représenter les quatre éléments de la nature ou les quatre directions de l'espace. Le pentagone est une forme qui représente la spiritualité et la magie, ainsi que la perfection divine. Il est utilisé pour symboliser l'étoile, le cosmos et les cinq éléments de la nature. L'hexagone représente l'harmonie, l'équilibre et la communication. Il est utilisé pour symboliser l'abeille, la nature et les six directions de l'espace. Enfin, l'octogone est une forme rare dans le Kresnik, mais très puissante : il symbolise le passage de la dualité à l'unité, la régénération et la transformation, et il est utilisé pour symboliser la roue, le serpent et les huit directions cardinales de l'espace.

Les formes organiques et leur signification pour le Kresnik

La symbolique des formes organiques est profondément ancrée dans la pratique du Kresnik. Chacune de ces formes représente une énergie spécifique et est considérée comme un symbole puissant dans les rituels et les pratiques de guérison.

La spirale est un symbole de transformation et de croissance, représentant le chemin sinueux et imprévisible de la vie. Elle peut être utilisée pour aider à surmonter les blocages énergétiques et à ouvrir les canaux d'énergie.

La vague symbolise l'océan infini de l'énergie cosmique et la connexion entre toutes les choses vivantes. Elle peut être utilisée pour équilibrer les énergies de l'eau et favoriser la guérison émotionnelle.

Le feuillage est un symbole de fertilité et de croissance, représentant le pouvoir de la nature et de la vie. Il peut être utilisé pour renforcer les énergies de la terre et favoriser la guérison physique.

La fleur est un symbole de beauté et de perfection, représentant l'épanouissement spirituel et la réalisation de soi. Elle peut être utilisée pour stimuler les énergies de l'air et favoriser la guérison mentale et spirituelle.

En travaillant avec ces formes organiques dans le cadre de la pratique du Kresnik, il est possible de se connecter à des énergies plus profondes et de libérer des blocages émotionnels, mentaux et physiques. Cela peut aider à équilibrer les énergies dans le corps et à favoriser la guérison à tous les niveaux.

COMMENT UTILISER SES CONNAISSANCES SUR LES FORMES ET LES COULEURS POUR AMÉLIORER SA VIE QUOTIDIENNE

Au sein de l'univers mystique du Kresnik, les formes et les couleurs jouent un rôle primordial dans la compréhension et la manipulation des énergies qui nous entourent. En connaissant leur signification symbolique, nous pouvons agir sur notre environnement pour améliorer notre vie quotidienne et notre bien-être.

Tout d'abord, il convient de bien choisir les formes et les couleurs présentes dans notre environnement quotidien. Les formes organiques telles que la spirale ou la vague, sont idéales pour créer un environnement paisible et harmonieux. Les couleurs vives comme le rouge, le jaune et l'orange sont stimulantes et dynamisantes, tandis que les couleurs plus douces comme le bleu, le vert et le violet sont apaisantes et relaxantes.

Lorsque vous êtes confronté à une décision, que ce soit pour un achat ou une action à mener, il est important de prendre en compte les formes et les couleurs qui vous entourent. Par exemple, si vous cherchez à attirer l'abondance dans votre vie, optez pour des formes rondes et des couleurs chaudes comme le jaune et l'orange. Si vous souhaitez vous sentir plus en paix, choisissez des formes organiques et des couleurs comme le bleu ou le vert.

Cependant, il convient de se méfier des formes et des couleurs qui peuvent avoir un impact négatif sur notre énergie. Les formes angulaires et les couleurs sombres peuvent créer un environnement stressant et anxiogène. De même, si vous êtes confronté à une situation difficile, évitez les couleurs et les formes agressives qui pourraient aggraver la situation.

Enfin, n'oubliez pas que l'analyse des formes et des couleurs est une pratique subtile et complexe qui nécessite de la patience et de la pratique pour être maîtrisée. En étant attentif à votre environnement et en travaillant avec les formes et les couleurs de manière consciente, vous pourrez améliorer votre vie quotidienne et atteindre un état de bien-être plus élevé.

Les effets de symbiose entre Kresnik et cristaux

Les cristaux et l'énergie

Les propriétés des cristaux et des pierres précieuses

Les cristaux et les pierres précieuses sont des sources d'énergie spirituelle et physique. Chaque cristal a des propriétés uniques qui peut aider à guérir, protéger et transformer les énergies.

Cristaux de guérison

Les cristaux sont des merveilles de la nature, des portes d'entrée vers des dimensions supérieures. Ils sont dotés d'une énergie capable d'influencer les plans physique, émotionnel, mental et spirituel de notre être. Les cristaux de guérison sont particulièrement précieux pour aider à la guérison des maladies et des déséquilibres énergétiques dans le corps.

Parmi les cristaux de guérison les plus courants, on peut citer l'améthyste, la pierre de lune, la citrine, la tourmaline noire et le quartz rose. L'améthyste, avec sa couleur pourpre vibrante, est connue pour ses propriétés calmantes et apaisantes. Elle aide à soulager le stress, l'anxiété et les maux de tête. La pierre de lune, avec son éclat nacré, est souvent utilisée pour équilibrer les hormones féminines et favoriser la fertilité. La citrine, avec sa belle couleur jaune doré, est un cristal de guérison qui stimule l'abondance, la créativité et la confiance en soi.

La tourmaline noire est un cristal de protection puissant, capable de transmuter les énergies négatives en énergies positives. Elle aide à équilibrer les chakras et à renforcer le système immunitaire. Enfin, le quartz rose est un cristal de guérison de l'amour et de la compassion. Il favorise l'ouverture du cœur, la guérison des relations et l'acceptation de soi.

Les cristaux de guérison sont des alliés précieux pour ceux qui cherchent à améliorer leur santé et leur bien-être. Ils agissent sur les plans subtils de l'être, en harmonisant l'énergie vitale et en rétablissant l'équilibre naturel du corps et de l'esprit. Ces cristaux sont des soutiens spirituels puissants pour les traitements médicamenteux classiques et ils doivent être utilisés en parallèle pour leur donner un potentiel au-delà des connaissances scientifiques.

Cristaux de protection

Les cristaux et pierres précieuses sont depuis des siècles utilisés pour protéger ceux qui les portent. Chaque pierre a une vibration unique qui peut aider à éloigner les énergies négatives et les influences indésirables. Voici quelques exemples de cristaux de protection :

- L'améthyste : cette pierre violette est souvent utilisée pour protéger contre les énergies négatives et les attaques psychiques. Elle peut également aider à calmer l'esprit et à favoriser la méditation.

- La tourmaline noire : cette pierre est souvent utilisée pour éloigner les énergies négatives et les influences toxiques. Elle peut aider à purifier l'environnement et à renforcer la confiance en soi.
- Le quartz fumé : cette pierre brune est souvent utilisée pour protéger contre les énergies négatives et pour apporter une sensation de sécurité et de stabilité. Elle peut également aider à équilibrer les émotions et à renforcer l'ancrage.
- L'obsidienne noire : cette pierre noire est souvent utilisée pour protéger contre les énergies négatives et les influences néfastes. Elle peut aider à éliminer les blocages énergétiques et à favoriser la clarté mentale.
- La labradorite : cette pierre est souvent utilisée pour protéger contre les énergies négatives et les attaques psychiques. Elle peut aider à stimuler l'imagination et à renforcer l'intuition.

Ces cristaux peuvent être portés sous forme de bijoux, placés dans la maison ou utilisés lors de prières de protection. Ils aident à renforcer votre aura et à éloigner les énergies négatives.

Cristaux de transformation

Les cristaux de transformation sont des pierres précieuses qui sont considérées comme des alliées spirituelles pour accompagner les changements majeurs de la vie. Ces pierres sont connues pour leur capacité à favoriser la transformation et le changement, tant sur le plan physique que mental et spirituel.

Le quartz rose est l'une des pierres de transformation les plus populaires. Cette pierre précieuse est connue pour sa capacité à guérir les blessures émotionnelles et à favoriser l'amour de soi. Elle peut aider à libérer les blocages émotionnels et à promouvoir la paix intérieure. Le lapis-lazuli est une autre pierre de transformation populaire qui est souvent utilisée pour aider à la communication et à l'expression de soi. Elle peut aider à ouvrir le troisième œil et favoriser la clarté mentale.

La tourmaline noire est également une pierre de transformation puissante souvent utilisée pour la protection contre les énergies négatives. Elle peut aider à équilibrer et à purifier les énergies, ainsi qu'à renforcer le système immunitaire. L'améthyste est une pierre précieuse souvent utilisée pour la transformation et qui aide à libérer les émotions négatives et à promouvoir la clarté mentale et spirituelle.

En utilisant des cristaux de transformation dans votre pratique du Kresnik, vous pouvez aider à favoriser la transformation et la croissance personnelle, ainsi qu'à renforcer votre connexion avec le monde spirituel. Ces pierres précieuses peuvent aider à libérer les blocages émotionnels et à promouvoir la paix intérieure, vous permettant ainsi de vous ouvrir à de nouvelles possibilités et de vous transformer en une meilleure version de vous-même.

LE KRESNIK ET LES CRISTAUX

UTILISER LES BONS CRISTAUX DANS LE KRESNIK

Comprendre les énergies des cristaux et leur utilisation dans le Kresnik

Les cristaux et les pierres précieuses ont longtemps été utilisés pour leur énergie et leur capacité à transformer les émotions et les énergies négatives en énergies positives. Pour comprendre comment les utiliser dans le Kresnik, il est important de comprendre les énergies des cristaux et leurs propriétés uniques.

Chaque cristal a une énergie vibratoire unique qui peut être utilisée pour améliorer différents aspects de la vie. Par exemple, l'améthyste est connue pour sa capacité à calmer l'esprit et à favoriser la méditation, tandis que la citrine est associée à l'abondance et à la prospérité.

Dans le Kresnik, les cristaux peuvent être utilisés pour renforcer l'énergie de l'utilisateur et pour aider à la guérison émotionnelle et spirituelle. Les cristaux peuvent également être utilisés pour créer un champ de protection autour de l'utilisateur et pour augmenter la capacité de manifestation.

Il est important de choisir les cristaux en fonction de leur énergie et de leur propriété unique pour les utiliser efficacement dans le Kresnik. Par exemple, si vous cherchez à renforcer votre confiance en vous, vous pourriez utiliser de la pyrite, qui est connue pour aider à renforcer l'estime de soi et la confiance en soi.

L'utilisation des cristaux dans le Kresnik peut se faire de différentes manières, comme la méditation, la création de grilles de cristaux ou même simplement en les portant sur soi. Il est important de choisir la méthode d'utilisation en fonction de l'objectif que l'on souhaite atteindre.

Identifier les cristaux correspondant à vos besoins énergétiques

Dans le Kresnik, il est important de savoir quel cristal choisir pour répondre à vos besoins énergétiques. Chaque cristal possède sa propre vibration énergétique qui peut être en accord avec votre propre énergie ou qui peut aider à rééquilibrer votre énergie.

Pour identifier le cristal correspondant à vos besoins énergétiques, il est important de se connecter à son intuition et d'écouter son corps. En observant les cristaux et en les tenant dans vos mains, vous pouvez ressentir leur énergie et leur vibration.

Il est important de choisir le cristal qui vous attire le plus intuitivement, même si vous ne connaissez pas ses propriétés énergétiques.

- Améthyste : calme, méditation, intuition, guérison
- Quartz rose : amour, paix intérieure, guérison émotionnelle
- Citrine : joie, abondance, confiance en soi, succès
- Aventurine : chance, prospérité, harmonie, bien-être général
- Lapis lazuli : sagesse, communication, guérison mentale, spiritualité

- Obsidienne noire : protection, transformation, libération émotionnelle, guérison
- Tourmaline noire : protection contre les énergies négatives, ancrage, équilibre, guérison physique
- Fluorite : concentration, créativité, spiritualité, purification
- Péridot : guérison émotionnelle, libération de la colère, renouveau, confiance en soi
- Labradorite : intuition, protection psychique, transformation, guérison spirituelle
- Rhodonite : amour de soi, compassion, guérison du cœur, créativité

Il est important de noter que chaque cristal peut avoir plusieurs correspondances énergétiques et que leur utilisation dépendra des besoins individuels de chaque personne.

Il est également important de nettoyer et de recharger vos cristaux régulièrement pour maintenir leur énergie optimale. Les méthodes de nettoyage peuvent varier en fonction du type de cristal et de votre pratique personnelle.

Le Kresnik nécessite de purifier et recharger les cristaux

Dans le Kresnik, il est essentiel de maintenir les cristaux dans un état de pureté énergétique élevé afin qu'ils puissent remplir leur fonction de manière optimale. La purification des cristaux peut être réalisée en utilisant l'énergie des éléments de la nature tels que l'eau, l'air, le feu, la terre ou en utilisant des techniques de visualisation et de méditation.

Pour purifier les cristaux à l'eau, il suffit de les placer sous l'eau courante pendant plusieurs minutes tout en visualisant l'énergie négative s'écoulant hors du cristal. Pour les purifier à l'air, les cristaux peuvent être exposés à la brise du vent ou à l'air frais. Pour les purifier avec le feu, les cristaux peuvent être placés dans un bol de sel ou de sable et exposés à la lumière du soleil ou de la lune. Recharger les cristaux est également important pour leur permettre de retrouver leur pleine puissance. Cela peut être fait en plaçant les cristaux sur une grille de cristaux spécifique ou en les exposant à la lumière du soleil ou de la lune pendant plusieurs heures. Il est également possible de recharger les cristaux en utilisant des intentions spécifiques pendant la méditation ou en utilisant l'énergie des éléments naturels.

Il est important de se rappeler que les cristaux doivent être traités avec respect et intention lors de la purification et du rechargement. En utilisant la pratique du Kresnik pour purifier et recharger les cristaux, leur énergie est renforcée et amplifiée, permettant ainsi de bénéficier pleinement de leurs propriétés énergétiques.

COMMENT UTILISER LES CRISTAUX POUR AMÉLIORER VOTRE ÉNERGIE

Comment incorporer les cristaux dans votre pratique du Kresnik

L'incorporation des cristaux dans votre pratique du Kresnik peut être un moyen puissant d'approfondir votre connexion avec l'énergie universelle et d'atteindre des niveaux de conscience plus élevés. Il existe plusieurs façons d'intégrer les cristaux dans votre pratique, voici quelques exemples :

1. Utilisation de cristaux pendant la méditation : Pendant votre pratique de méditation, placez un cristal qui correspond à votre intention dans votre main, sur votre cœur ou votre chakra racine. Cela peut aider à renforcer votre intention et à vous connecter plus profondément à l'énergie du cristal.

2. Création d'un autel de cristaux : Créez un autel de cristaux en utilisant des cristaux correspondant à vos intentions ou à vos besoins énergétiques. Placez-les dans un endroit sacré de votre maison ou de votre espace de pratique. Utilisez cet autel pour vous connecter avec les énergies des cristaux et pour renforcer votre pratique spirituelle.

3. Utilisation de cristaux dans les rituels : Les cristaux peuvent être utilisés dans les rituels de différentes manières, par exemple, vous pouvez créer un cercle de cristaux autour de vous pour vous protéger et vous connecter avec l'énergie universelle (grilles de cristaux).

4. Port de bijoux en cristal : Portez des bijoux en cristal qui correspondent à votre intention ou à vos besoins énergétiques. Cela peut aider à vous connecter avec l'énergie du cristal tout au long de la journée.

Il est important de se rappeler que chaque cristal a ses propres propriétés et énergies uniques. Il est donc essentiel de choisir les cristaux qui correspondent à vos besoins énergétiques spécifiques et de les utiliser de manière appropriée pour maximiser leurs bienfaits.

La méditation avec les cristaux

La méditation Kresnik est une discipline sacrée qui permet d'entrer en contact avec l'univers, de se connecter à son être intérieur et de libérer son potentiel divin. Les cristaux et les pierres précieuses peuvent jouer un rôle important dans la méditation en aidant à canaliser l'énergie, en augmentant la concentration, en libérant les blocages émotionnels et en élevant la vibration.

Chaque cristal et pierre précieuse a ses propriétés uniques qui peuvent être utilisées pour des méditations spécifiques. Voici quelques exemples de cristaux et de pierres précieuses et leur utilisation dans la méditation :

- L'améthyste : utilisée pour la méditation de guérison et pour se connecter à la sagesse divine.
- Le quartz rose : utilisé pour la méditation de l'amour de soi et de l'amour universel.
- Le lapis-lazuli : utilisé pour la méditation de la communication spirituelle et pour éveiller l'intuition.
- L'obsidienne : Utilisée pour la méditation de protection et pour se libérer des énergies négatives.
- La citrine : utilisée pour la méditation de l'abondance et pour attirer les énergies positives.
- La labradorite : utilisée pour la méditation de la transformation et pour se libérer des peurs et des doutes.

Chaque personne peut être attirée par un cristal ou une pierre précieuse différente en fonction de son état d'esprit et de ses besoins émotionnels. Il est important de suivre son intuition lors du choix d'un cristal pour la méditation et de permettre à son énergie de travailler en harmonie avec celle du corps et de l'esprit.

Les grilles de cristaux

Les grilles de cristaux sont une pratique ancienne qui consiste à placer différents cristaux ou pierres précieuses dans une configuration géométrique spécifique pour amplifier et harmoniser leur énergie. Les grilles de cristaux peuvent être utilisées pour des intentions spécifiques telles que la guérison, la protection, l'abondance, l'amour et la paix intérieure.

Une grille de cristaux typique est composée d'un cristal de quartz clair en son centre, entouré de différents cristaux et pierres précieuses disposées selon un modèle spécifique. Par exemple, une grille de guérison peut inclure de l'améthyste pour apaiser l'esprit, du quartz rose pour ouvrir le cœur et de la tourmaline noire pour éliminer les blocages énergétiques.

Pour créer une grille de cristaux, il est important de choisir des cristaux correspondant à l'intention souhaitée et de les disposer en cercle autour de vous avec une intention claire et précise. Deux cristaux seront d'autant plus proches qu'on veut en combiner les effets. Il est également important de nettoyer et de purifier les cristaux avant de les utiliser et de les recharger régulièrement.

Les grilles de cristaux peuvent être utilisées pour la méditation, la guérison, la protection et pour amplifier les intentions et les énergies positives dans un espace donné. Il est conseillé de créer une grille de cristaux dans un lieu calme et équilibré, de laisser les cristaux se charger pendant plusieurs heures, voire plusieurs jours, et de rester attentif à l'énergie qu'elle émet.

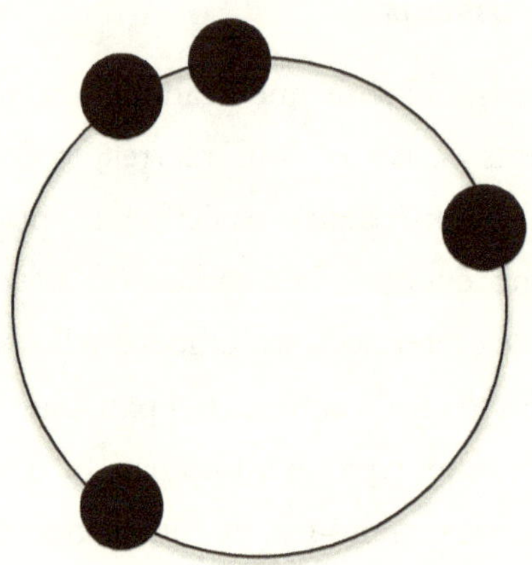

En utilisant les grilles de cristaux, on peut renforcer et harmoniser son énergie personnelle, améliorer sa vie quotidienne et entrer en connexion avec les énergies de l'univers. Il faut toutefois être très clair sur son intention car les grilles de cristaux, de par l'interaction des forces, ont un pouvoir particulièrement puissant.

Les bains de cristaux

Les bains de cristaux utilisent les propriétés curatives des cristaux pour équilibrer et harmoniser le corps et l'esprit. Pour prendre un bain de cristaux, vous pouvez placer plusieurs cristaux dans un bain chaud et vous immerger dedans pendant une période donnée. Vous pouvez également utiliser des sachets de cristaux dans votre bain.

Le choix des cristaux pour votre bain dépendra de vos besoins et de vos intentions de guérison. Certaines pierres précieuses ont des propriétés calmantes et apaisantes, tandis que d'autres sont énergisantes et revitalisantes. Les cristaux comme l'améthyste, la calcite, le quartz rose, la fluorite, l'apatite, la tourmaline noire et la sélénite sont populaires pour les bains de cristaux en raison de leurs propriétés curatives.

Il est important de noter que les bains de cristaux ne sont pas recommandés pour tout le monde. Si vous avez une condition médicale, consultez d'abord votre médecin avant de prendre un bain de cristaux. Si vous êtes enceinte, évitez les bains de cristaux ou consultez d'abord un professionnel de la santé.
Pour utiliser les bains de cristaux dans votre pratique de guérison, il est important de savoir comment choisir les cristaux appropriés et comment les utiliser correctement. Pour cela, vous devez tout d'abord connaître leurs propriétés et leur correspondance avec les différents chakras. En effet, chaque cristal possède une énergie et une vibration spécifiques qui peuvent aider à guérir différents aspects de votre vie.

Par exemple, l'améthyste est connue pour ses propriétés apaisantes et elle est souvent utilisée pour calmer l'anxiété et améliorer la qualité du sommeil. La citrine est connue pour sa capacité à stimuler la créativité et à favoriser l'abondance. La cornaline est connue pour aider à renforcer la confiance en soi et la motivation. Il est également important de choisir des cristaux qui sont purs et non traités, afin de bénéficier pleinement de leur énergie naturelle.

	Chakra	Emplacement	Cristaux de guérison
Racine	Muladhara	Base colonne vertébrale	Hématite, Jaspe rouge, Obsidienne, Grenat
Sacré	Svadhisthana	Juste en dessous du nombril	Cornaline, Calcite orange, Pierre de lune, Citrine
Plexus solaire	Manipura	Au-dessus du nombril	Citrine, Oeil de tigre, Ambre, Topaze jaune
Cœur	Anahata	Au centre de la poitrine	Quartz rose, Aventurine verte, Péridot, Émeraude
Gorge	Vishuddha	À la base de la gorge	Lapis-lazuli, Calcédoine bleue, Aigue-marine, Amazonite
Troisième œil	Ajna	Entre les sourcils	Améthyste, Fluorite, Sodalite, Iolite
Couronne	Sahasrara	Au sommet de la tête	Cristal de roche, Améthyste, Sélénite, Charoïte

Une fois que vous avez choisi les cristaux appropriés, il est important de les nettoyer et de les charger avant de les utiliser. Cela peut se faire en les plaçant sous l'eau courante, en les exposant à la lumière du soleil ou de la lune, ou en les plaçant sur un lit de sel. En utilisant les cristaux appropriés et en les utilisant correctement, vous pouvez amplifier l'énergie de votre pratique de guérison et bénéficier de leurs propriétés curatives.

Les bains de cristaux peuvent être une pratique puissante pour vous aider à vous connecter à votre corps, à votre esprit et à votre âme. En utilisant les propriétés curatives des cristaux, vous pouvez améliorer votre bien-être physique, mental et émotionnel.

Comment les cristaux améliorent la pratique du Kresnik

Utiliser les cristaux pour améliorer la méditation et la concentration

La méditation est une pratique spirituelle profonde qui permet de se connecter à soi-même et de trouver la paix intérieure. Les cristaux peuvent être utilisés pour amplifier les effets de la méditation et aider à se concentrer davantage sur les aspects spirituels de la pratique.

Les cristaux les plus couramment utilisés pour améliorer la méditation et la concentration sont l'améthyste, le quartz clair, le lapis-lazuli, le sodalite, le quartz rose et l'œil de tigre. L'améthyste est considérée comme une pierre de sagesse et de spiritualité, qui peut aider à calmer l'esprit et à faciliter la méditation profonde. Le quartz clair est considéré comme un amplificateur de l'énergie, qui peut aider à intensifier les effets de la méditation. Le lapis-lazuli est considéré comme une pierre de vérité et de sagesse, qui peut aider à apaiser l'esprit et à favoriser la concentration. Le sodalite est considéré comme une pierre de communication et de vérité, qui peut aider à clarifier l'esprit et à favoriser la concentration. Le quartz rose est considéré comme une pierre d'amour et de paix, qui peut aider à apaiser l'esprit et à favoriser la concentration. L'œil de tigre est considéré comme une pierre de protection et de courage, qui peut aider à renforcer la confiance en soi et la concentration.

Pour utiliser ces cristaux lors de la méditation, il est recommandé de les placer sur le chakra du troisième œil ou le chakra de la couronne, qui sont associés à la concentration et à la spiritualité. Vous pouvez également les tenir dans votre main ou les placer autour de vous pendant la méditation pour créer une ambiance paisible et concentrée.

Il est important de noter que les cristaux ne remplacent pas la méditation, mais peuvent simplement aider à amplifier ses effets. La méditation reste une pratique personnelle et unique qui doit être cultivée régulièrement pour en ressentir les bienfaits.

Utiliser les cristaux pour renforcer la protection énergétique

Les cristaux ont le pouvoir de renforcer la protection énergétique et de maintenir un champ énergétique puissant autour de soi. Ils peuvent également aider à éloigner les énergies négatives et à maintenir l'équilibre et l'harmonie dans l'environnement.

Pour renforcer la protection énergétique, il est recommandé d'utiliser des cristaux tels que la tourmaline noire, l'oeil de tigre, l'améthyste, le quartz rose et le jade. La tourmaline noire est particulièrement efficace pour éloigner les énergies négatives et protéger contre les rayonnements électromagnétiques.

Pour utiliser les cristaux pour renforcer la protection énergétique, vous pouvez les porter sur vous sous forme de bijoux ou les placer dans votre environnement, par exemple sous forme de grilles de cristaux. Vous pouvez également tenir un cristal dans votre main pendant la méditation ou la pratique du Kresnik pour renforcer l'énergie et la protection.

Utiliser les cristaux pour se protéger des énergies négatives

Les énergies négatives peuvent parfois nous affecter de manière subtile, sans que nous en soyons conscients. Pour nous protéger de ces énergies, nous pouvons utiliser les cristaux qui ont des propriétés de protection énergétique.

Les cristaux les plus efficaces pour protéger contre les énergies négatives sont l'améthyste, la tourmaline noire, l'obsidienne, la labradorite, la calcite noire et la sélénite. Chacun de ces cristaux a des propriétés de purification, de blocage et de dissipation des énergies négatives.

Pour utiliser ces cristaux pour se protéger des énergies négatives, vous pouvez les porter sur vous sous forme de bijoux, les placer dans votre environnement domestique, ou les tenir dans votre main pendant la méditation ou tout autre type de pratique énergétique.

Lorsque vous choisissez un cristal pour vous protéger, il est important d'écouter votre intuition et de choisir celui qui vous attire le plus. Vous pouvez également programmer le cristal en lui demandant de vous protéger contre les énergies négatives, en le visualisant rempli de lumière blanche et de positivité.

En utilisant les cristaux pour se protéger contre les énergies négatives, nous pouvons maintenir une vibration élevée et une aura protégée, ce qui nous permet de vivre une vie plus équilibrée et harmonieuse.

Comment les cristaux peuvent aider à libérer les blocages énergétiques

Les blocages énergétiques peuvent être causés par des émotions refoulées, des traumatismes, des croyances limitantes ou des comportements négatifs. Les cristaux peuvent être utilisés pour aider à libérer ces blocages et à rétablir l'équilibre énergétique.

Les cristaux les plus couramment utilisés pour cette fin sont la tourmaline noire, le quartz fumé, la calcite orange, la labradorite et la malachite. Ces cristaux sont connus pour aider à dissoudre les blocages énergétiques et à libérer les émotions refoulées.

Pour utiliser les cristaux pour libérer les blocages énergétiques, il est recommandé de les placer sur les zones du corps où se trouvent les blocages, de méditer avec les cristaux ou de les porter sur soi. Il est important de programmer les cristaux avec l'intention de libérer les blocages avant de commencer la pratique.

Comment utiliser les cristaux pour renforcer la connexion avec les guides spirituels

Les cristaux peuvent être utilisés pour renforcer la connexion avec les guides spirituels, tels que les anges, les esprits de la nature ou les ancêtres. Les cristaux les plus couramment utilisés pour cette fin sont l'améthyste, la sodalite, la labradorite, l'obsidienne et la pierre de lune.

Pour utiliser les cristaux pour renforcer la connexion avec les guides spirituels, il est recommandé de les placer sur l'autel ou de les porter sur soi pendant la pratique. Il est important de programmer les cristaux avec l'intention de renforcer la connexion avec les guides spirituels avant de commencer la pratique.

Utiliser les cristaux pour se connecter aux esprits de la nature

Les cristaux peuvent être utilisés pour se connecter aux esprits de la nature et aux énergies de la terre. En choisissant les cristaux appropriés, vous pouvez établir une connexion plus profonde avec la nature et améliorer votre pratique spirituelle. Les cristaux peuvent également aider à équilibrer les énergies de la terre et à harmoniser votre propre énergie avec celle de la nature.

Pour se connecter aux esprits de la nature, vous pouvez porter des cristaux appropriés ou les placer autour de vous pendant la pratique. Les cristaux verts, comme l'aventurine et le jade, sont particulièrement utiles pour se connecter à la nature et à ses énergies. Les cristaux de quartz clair peuvent également aider à amplifier votre connexion avec les énergies de la terre. En utilisant les cristaux de manière appropriée, vous pouvez renforcer votre lien avec la nature et améliorer votre pratique spirituelle.

La pratique du Kresnik pour le développement personnel

Les différentes techniques de méditation du Kresnik

La méditation avec les animaux totems

La méditation avec les animaux totems est une pratique ancienne qui permet de se connecter à l'énergie de l'animal et de recevoir des messages spirituels. Dans le cadre du Kresnik, cette pratique est utilisée pour renforcer la connexion avec les énergies naturelles. Le loup, symbole de la force et de l'instinct, est utilisé dans la méditation pour développer son pouvoir personnel et sa confiance en soi. En se connectant à l'énergie du loup, on peut développer sa propre capacité à mener, à protéger et à prendre des décisions en toute confiance.

Le cerf, symbole de la grâce et de la légèreté, est utilisé dans la méditation pour se connecter à la douceur et à la sérénité de l'énergie féminine. En se connectant à l'énergie du cerf, on peut apprendre à se détendre, à lâcher prise et à se laisser porter par la vie.

Le renard, symbole de l'intelligence et de la ruse, est utilisé dans la méditation pour développer son intuition et sa capacité à s'adapter aux situations changeantes. En se connectant à l'énergie du renard, on peut apprendre à écouter sa voix intérieure, à être flexible et à trouver des solutions créatives aux problèmes.

L'aigle, symbole de la vision et de la clarté, est utilisé dans la méditation pour développer sa capacité à voir au-delà de l'apparence des choses et à accéder à une vision plus élevée. En se connectant à l'énergie de l'aigle, on peut développer sa capacité à prendre du recul, à voir la situation dans son ensemble et à accéder à une vision plus globale.

Le serpent, symbole de la transformation et de la régénération, est utilisé dans la méditation pour se connecter à l'énergie de guérison et de transformation. En se connectant à l'énergie du serpent, on peut apprendre à libérer les vieilles énergies et à se régénérer pour devenir plus fort et plus aligné avec notre véritable essence.

Dans la pratique de la méditation avec les animaux totems, il est important d'être ouvert et réceptif aux messages que l'on peut recevoir. Les animaux totems peuvent apporter des enseignements précieux pour notre croissance spirituelle et notre évolution personnelle.

Pour se mettre en état de méditation avec les animaux totem, il est important de trouver un endroit calme et paisible où vous ne serez pas dérangé. Assurez-vous de porter des vêtements confortables et de vous asseoir dans une position confortable, qui favorise une bonne posture. Il est recommandé d'allumer une bougie ou de brûler de l'encens pour aider à créer une ambiance propice à la méditation.

Une fois installé, vous pouvez fermer les yeux et vous concentrer sur votre respiration. Laissez votre esprit se calmer et permettez-vous de vous connecter avec votre animal totem. Visualisez l'animal en question, imaginez-le vous rejoindre et vous guider dans votre méditation.

Laissez-vous guider par les sensations, les images et les émotions qui viennent à vous. Écoutez la voix de votre animal totem et soyez à l'écoute de ses messages. Sachez que chaque animal totem a une signification unique et qu'il peut vous apporter des conseils et des enseignements spécifiques.

Il est important de rester concentré sur l'animal totem tout au long de la méditation et de se laisser imprégner de son énergie. Une fois la méditation terminée, prenez le temps de noter vos impressions et vos ressentis dans un carnet de méditation.

LA MÉDITATION AVEC LES ÉLÉMENTS NATURELS

La méditation avec les éléments naturels est une pratique puissante pour se connecter avec les forces de la nature et de l'univers. Les éléments naturels tels que la terre, l'eau, le feu et l'air ont chacun une énergie unique qui peut aider à équilibrer et à harmoniser notre propre énergie.

Pour commencer une méditation avec les éléments naturels, il est important de trouver un endroit calme et paisible où vous pouvez être seul(e) et sans interruption. Asseyez-vous confortablement, fermez les yeux et prenez quelques respirations profondes pour vous détendre.

Pour méditer avec la terre, imaginez que vous êtes assis ou assise sur un sol fertile et stable. Visualisez vos racines qui s'enfoncent profondément dans la terre, absorbant la puissante énergie de la terre mère. Respirez profondément et imaginez cette énergie qui monte à travers vos racines, jusqu'à votre corps, vous procurant force et stabilité.

Pour méditer avec l'eau, imaginez que vous êtes au bord d'un lac ou d'un ruisseau paisible. Visualisez l'eau qui coule doucement, apaisant et nettoyant tout sur son passage. Respirez profondément et imaginez que l'eau purifie votre corps, votre esprit et votre âme, vous procurant une sensation de paix et de calme.

Pour méditer avec le feu, imaginez que vous êtes assis(e) autour d'un feu de camp chaleureux et réconfortant. Visualisez les flammes qui dansent, illuminant tout autour d'elles. Respirez profondément et imaginez que vous êtes absorbé(e) par la chaleur et la lumière du feu, vous procurant de l'énergie et de la force.

Pour méditer avec l'air, imaginez que vous êtes sur une colline venteuse. Visualisez le vent qui souffle doucement, portant avec lui des messages et des idées inspirantes. Respirez profondément et imaginez que le vent nettoie votre esprit, vous procurant une clarté mentale et une inspiration créative.

Il est important de se rappeler que chaque élément naturel a sa propre énergie et sa propre signification symbolique, donc n'hésitez pas à explorer différentes visualisations et techniques de méditation pour trouver celle qui fonctionne le mieux pour vous.

LA MÉDITATION AVEC LES COULEURS

La méditation avec les couleurs est une pratique ésotérique qui permet de travailler sur l'harmonisation des énergies du corps et de l'esprit. Chaque couleur a une signification et une vibration qui peut avoir un effet différent sur notre être intérieur.

Les couleurs primaires, qui sont le rouge, le bleu et le jaune, sont les couleurs de base qui peuvent être combinées pour former d'autres couleurs. Le rouge est associé à la vitalité, au courage et à la passion. Le bleu est lié à la paix, à la sérénité et à la communication. Le jaune est associé à la joie, à l'optimisme et à l'intelligence.

Les couleurs secondaires, qui sont le violet, le vert et l'orange, sont des couleurs qui sont obtenues en mélangeant des couleurs primaires. Le violet est lié à la spiritualité, à l'intuition et à la créativité. Le vert est associé à l'harmonie, à la guérison et à la croissance. L'orange est lié à l'enthousiasme, à la chaleur et à la vitalité.

Les couleurs complémentaires sont des couleurs opposées sur le cercle chromatique, comme le rouge et le vert, le bleu et l'orange, et le jaune et le violet. L'utilisation de ces couleurs peut créer un équilibre et une harmonie dans le corps et l'esprit.

Pour méditer avec les couleurs, il est important de se mettre dans un état de relaxation profonde en se concentrant sur sa respiration. Ensuite, il est possible de visualiser la couleur choisie en l'imaginant envahir tout le corps et en ressentant ses effets sur notre être intérieur. On peut aussi utiliser des cristaux ou des pierres de la couleur correspondante pour amplifier les effets de la méditation.

La méditation avec les couleurs peut aider à équilibrer les chakras, à augmenter la créativité et l'intuition, à renforcer l'estime de soi et à améliorer la santé mentale et physique.

La méditation avec les formes

La méditation avec les formes géométriques et les formes organiques est une pratique ésotérique qui permet de se connecter avec l'énergie des formes et de leur symbolique. Les formes géométriques telles que le cercle, le triangle, le carré et l'étoile sont utilisées pour leur perfection et leur harmonie, tandis que les formes organiques telles que les feuilles, les fleurs et les arbres sont utilisées pour leur connexion avec la nature.

Pour se mettre en état de méditation avec les formes géométriques et organiques, il est important de trouver un endroit calme et tranquille, où l'on se sent en sécurité et détendu. On peut utiliser des images, des dessins ou des sculptures de formes géométriques ou organiques pour se concentrer et visualiser la forme en question. Une fois que l'on est concentré sur la forme, on peut se concentrer sur sa symbolique et son énergie. Par exemple, le cercle représente l'unité et la perfection, le triangle représente la stabilité et la trinité, et le carré représente la sécurité et la stabilité. Les formes organiques peuvent représenter la croissance, l'harmonie avec la nature, et la connexion avec la vie.

En méditant sur les formes géométriques et organiques, on peut se connecter avec leur énergie et utiliser leur symbolique pour renforcer notre pratique du Kresnik. On peut visualiser les formes en mouvement, en train de tourner ou de se transformer, pour amplifier leur énergie. On peut également associer les formes à des intentions spécifiques, en utilisant leur symbolique pour nous aider à atteindre nos objectifs spirituels.

Utiliser le Kresnik pour se connecter à soi-même

Comment le Kresnik peut aider à trouver son moi authentique

Le moi authentique est la partie de soi qui est la plus vraie, la plus profonde et la plus authentique. C'est l'essence de notre être, notre identité réelle, qui est souvent cachée sous les couches de masques que nous portons dans notre vie quotidienne.

Le Kresnik est une méthode de méditation unique car elle aide à connecter directement avec notre moi authentique. Au lieu de simplement se concentrer sur la respiration ou de vider l'esprit, le Kresnik nous guide pour explorer les couches plus profondes de notre conscience, où se trouve notre moi authentique.

En utilisant des techniques telles que la visualisation, l'incorporation d'animaux totems et l'exploration des éléments naturels, le Kresnik nous aide à accéder à notre subconscient et à nous connecter avec notre moi authentique. Cette connexion peut nous aider à mieux comprendre qui nous sommes vraiment, nos désirs et nos objectifs dans la vie.

Le Kresnik est différent des autres méthodes de méditation en cela qu'il ne se concentre pas seulement sur la relaxation ou la réduction du stress, mais il vise à nous aider à atteindre une compréhension plus profonde de nous-mêmes. En nous aidant à trouver notre moi authentique, le Kresnik peut nous guider vers une vie plus épanouissante et plus alignée avec notre véritable essence.

Développer une meilleure compréhension de soi

La pratique du Kresnik peut être utilisée pour aider à développer une meilleure compréhension de soi, en explorant les différentes dimensions de l'être. En utilisant des techniques de méditation, de visualisation et de respiration, le Kresnik permet de se connecter avec des aspects plus profonds de soi-même, tels que les émotions, les pensées, les croyances et les valeurs.

Le Kresnik est différent des autres méthodes de méditation en ce qu'il offre une approche holistique et intégrée de la méditation. Au lieu de se concentrer sur une seule pratique, le Kresnik intègre plusieurs techniques pour atteindre un état de méditation profonde et significative. Il incorpore également l'utilisation de symboles, d'archétypes et de rituels, ce qui peut aider à stimuler l'imagination et à ouvrir de nouveaux niveaux de conscience.

En utilisant le Kresnik, il est possible de découvrir des aspects cachés de soi-même, de trouver des réponses à des questions existentielles et de développer une meilleure compréhension de ses motivations, de ses peurs et de ses aspirations. En apprenant à se connaître de manière plus approfondie, il est possible de développer une plus grande confiance en soi, une plus grande stabilité émotionnelle et une plus grande résilience face aux défis de la vie.

Comparé à d'autres méthodes de méditation, le Kresnik est plus efficace car il intègre plusieurs pratiques complémentaires, ce qui peut aider à stimuler différentes parties du cerveau et à engager l'esprit de manière plus complète. En outre, l'utilisation de symboles et d'archétypes peut aider à stimuler l'imagination et à ouvrir de nouvelles perspectives, permettant ainsi de découvrir des aspects cachés de soi-même. Enfin, l'utilisation de rituels peut aider à renforcer l'engagement et à améliorer la discipline, ce qui peut être particulièrement utile pour ceux qui ont du mal à maintenir une pratique régulière de méditation.

UTILISER LE KRESNIK POUR SE CONNECTER À SON ENVIRONNEMENT

SE CONNECTER À LA NATURE

Le Kresnik est une pratique qui puise ses racines dans les traditions anciennes et qui a pour but de connecter l'individu avec les énergies de la nature. Si vous cherchez à vous connecter à la nature et à en tirer des bienfaits pour votre développement personnel, le Kresnik peut vous aider.

Une des façons dont le Kresnik peut vous aider à vous connecter à la nature est par la méditation. En vous concentrant sur la nature, vous pouvez vous immerger dans son énergie et vous ressourcer. Les méditations Kresnik vous invitent à vous concentrer sur différents éléments naturels tels que les arbres, les rivières, les montagnes et les animaux pour vous aider à vous sentir connecté à la nature.

En utilisant les cristaux pendant la méditation, vous pouvez amplifier les effets de la pratique et vous connecter plus facilement aux énergies de la nature. Les cristaux peuvent également aider à équilibrer vos propres énergies et à vous aligner avec celles de la nature.

Enfin, le Kresnik peut vous aider à développer une relation plus profonde et respectueuse avec la nature en vous invitant à adopter un mode de vie plus écologique. Vous pouvez commencer par de petits gestes tels que recycler et réduire votre consommation d'énergie, mais aussi par une approche plus globale de la vie en harmonie avec la nature. En pratiquant le Kresnik, vous pouvez développer une connexion plus profonde et significative avec la nature, qui peut vous aider à vous sentir plus en paix, plus équilibré et plus épanoui dans votre vie.

COMMENT UTILISER LE KRESNIK POUR COMPRENDRE LES MESSAGES DE LA NATURE

Dans le Kresnik, la nature joue un rôle essentiel dans la pratique spirituelle. Elle est considérée comme une source d'énergie et de sagesse, qui peut nous guider et nous aider à nous connecter avec notre être intérieur.

Pour comprendre les messages de la nature, il est important de commencer par l'observation. Prenez le temps de regarder autour de vous, d'observer les animaux, les plantes, les arbres, les cours d'eau et les montagnes. Essayez de voir les choses sous un angle différent, en vous concentrant sur les détails et les subtilités.

Ensuite, il est important de prêter attention à vos sensations. Que ressentez-vous en observant la nature ? Quelles émotions cela suscite-t-il en vous ? La nature a le pouvoir de nous toucher profondément, de nous inspirer et de nous réconforter.

Lorsque vous êtes en contact avec la nature, il est également important de la respecter. Évitez de la polluer, de la dégrader ou de la détruire. Prenez soin des animaux et des plantes en évitant de les perturber ou de les déranger. Respectez les règles et les normes en vigueur dans les zones naturelles protégées.

En utilisant le Kresnik, vous pouvez apprendre à communiquer avec la nature et à comprendre ses messages. Les cristaux peuvent être utilisés pour amplifier votre connexion avec les énergies de la nature. Vous pouvez tenir un cristal pendant que vous méditez en plein air, ou le placer dans votre poche pendant que vous vous promenez dans la nature.

Vous pouvez également utiliser des pierres spécifiques pour vous aider à vous connecter à des éléments naturels particuliers. Par exemple, l'agate verte est associée à la nature et peut vous aider à vous sentir en harmonie avec elle. Le jaspe rouge est associé à la terre et peut vous aider à vous enraciner et à vous connecter à ses énergies.

En écoutant la nature et en la respectant, vous pouvez trouver une source de guidance et de sagesse pour votre voyage intérieur. En utilisant le Kresnik, vous pouvez vous connecter à ces énergies de manière plus profonde et découvrir des aspects de vous-même que vous n'avez peut-être jamais connus auparavant.

COMMENT UTILISER LE KRESNIK POUR TROUVER VOTRE BUT DANS LA VIE

TROUVER VOTRE VOIE GRÂCE AU KRESNIK

Dans la vie, chacun de nous a une mission spéciale à accomplir. Cela peut être quelque chose de grand ou de petit, mais c'est quelque chose qui nous donne un sens à notre existence. Cependant, il n'est pas toujours facile de savoir quelle est notre mission dans la vie. Parfois, nous pouvons nous sentir perdus ou confus, ne sachant pas quelle direction prendre.

C'est là que le Kresnik peut nous aider à trouver notre voie. Grâce à la méditation et à la connexion avec les éléments naturels, nous pouvons trouver des réponses à nos questions les plus profondes. Le Kresnik nous aide à nous connecter avec notre moi intérieur et à trouver notre but dans la vie.

Il est important de comprendre que notre but dans la vie peut être différent de celui des autres. Cela dépend de nos passions, de nos intérêts et de nos talents. Pour trouver notre voie, nous devons nous connecter avec notre moi intérieur et écouter notre intuition. Le Kresnik nous aide à faire cela.

Pour utiliser le Kresnik pour trouver notre voie, nous pouvons pratiquer la méditation avec les éléments naturels. En se connectant avec la nature, nous pouvons trouver des réponses à nos questions les plus profondes. Par exemple, si nous nous sentons attirés par la nature et les animaux, cela peut être un signe que notre mission dans la vie est liée à la protection de l'environnement ou à la défense des droits des animaux.

En pratiquant la méditation avec les éléments naturels, nous pouvons également trouver des indices sur notre voie dans la vie en observant les signes et les synchronicités qui se présentent à nous. Par exemple, si nous avons une idée soudaine pour un projet ou une entreprise, et que nous voyons ensuite des signes qui semblent nous encourager dans cette direction, cela peut être un signe que nous sommes sur la bonne voie.

En fin de compte, trouver notre voie grâce au Kresnik implique d'être ouvert et réceptif à ce que la vie nous réserve. Cela signifie être prêt à écouter notre intuition, à prendre des risques et à suivre notre passion. Le Kresnik peut nous aider à avoir confiance en nous et à avoir le courage de suivre notre propre chemin dans la vie.

IDENTIFIER VOS TALENTS ET VOS PASSIONS

Lorsqu'il s'agit de trouver votre voie dans la vie, il est essentiel de comprendre vos talents et vos passions. Cependant, il n'est pas toujours facile d'identifier ces éléments clés de soi-même. Le Kresnik peut être un outil puissant pour vous aider à découvrir vos talents cachés et à mieux comprendre vos passions.

Il existe de nombreuses catégories de talents, allant des talents artistiques et créatifs aux talents analytiques et scientifiques. En utilisant le Kresnik, vous pouvez explorer différents aspects de vous-même pour découvrir où vos véritables passions et compétences résident.

Le Kresnik peut aider à développer des compétences spécifiques en travaillant avec les éléments naturels, les couleurs, les formes et les animaux totems. Par exemple, si vous travaillez avec l'élément de l'eau, cela peut vous aider à développer votre créativité et votre capacité à penser de manière fluide et flexible. Si vous travaillez avec l'élément du feu, cela peut vous aider à développer votre passion et votre motivation.

En utilisant le Kresnik, vous pouvez également découvrir des talents que vous ne saviez pas que vous aviez. Les méditations et les visualisations peuvent vous aider à explorer différents aspects de vous-même et à vous connecter avec des parties de vous que vous n'avez peut-être pas encore explorées.

En fin de compte, le Kresnik est un outil puissant pour vous aider à mieux comprendre vous-même, à découvrir vos passions et à développer vos talents. En utilisant le Kresnik régulièrement, vous pouvez vous rapprocher de votre véritable moi et trouver une plus grande satisfaction dans votre vie.

Utiliser le Kresnik pour améliorer sa créativité

La créativité est une capacité précieuse pour toute personne, qu'elle soit artiste ou non. Le Kresnik peut aider à stimuler cette capacité et à trouver de nouvelles sources d'inspiration.

Comment le Kresnik peut stimuler votre créativité

Le Kresnik peut aider à stimuler la créativité en favorisant la connexion avec les énergies de l'univers. En méditant avec les symboles du Kresnik et en priant les éléments naturels, on peut libérer des blocages énergétiques qui peuvent entraver la créativité. Le Kresnik peut également aider à augmenter la confiance en soi, ce qui peut être particulièrement utile pour les artistes qui ont besoin de prendre des risques créatifs. Enfin, en se connectant avec son moi authentique et en trouvant son but dans la vie, on peut être plus en mesure de créer un travail qui est vrai pour soi et qui a un impact sur les autres.

Comment utiliser les symboles du Kresnik pour trouver l'inspiration.

Les symboles du Kresnik peuvent être utilisés pour trouver de l'inspiration dans la création artistique. Chaque symbole peut représenter une idée ou une énergie différente qui peut être utilisée pour inspirer la création. Par exemple, le symbole de l'eau peut être utilisé pour inspirer la création d'œuvres qui ont un thème aquatique, ou qui évoquent les émotions associées à l'eau, comme la paix ou la fluidité.

Les symboles du Kresnik peuvent également être utilisés comme outil de visualisation pour aider à clarifier les idées créatives. En imaginant un symbole spécifique, on peut créer une image mentale qui peut aider à inspirer une œuvre d'art ou une création.

L'utilisation des symboles du Kresnik pour trouver l'inspiration dépend de l'individu et de ses préférences créatives. Il est important de trouver ce qui fonctionne le mieux pour soi et de se laisser inspirer par les énergies de l'univers.

Utiliser le Kresnik pour se connecter aux autres

Développer des relations positives

Le Kresnik peut aider à développer des relations positives avec les autres en nous aidant à être plus conscients de nous-mêmes et de notre place dans le monde. Pour établir des relations positives, il est important de commencer par être à l'écoute de soi et de ses besoins, ainsi que de ceux des autres. Le Kresnik peut aider à développer cette conscience de soi, en encourageant la méditation et la réflexion sur ses propres sentiments et émotions.

Une fois que l'on est plus en phase avec soi-même, il est plus facile d'établir des relations positives avec les autres. On peut être plus à l'écoute de leurs besoins et de leurs désirs, et être plus réceptif à leurs idées et à leurs sentiments. En développant une attitude bienveillante envers les autres, on peut créer des relations positives et durables.

Il est important de garder à l'esprit que chaque relation est unique et qu'il n'existe pas de solution universelle pour développer des relations positives. Cependant, en utilisant les principes du Kresnik, tels que la méditation, la réflexion, la gratitude et la bienveillance, il est possible de construire des relations positives et épanouissantes.

Pour établir des relations positives, il est également important d'être patient et tolérant, d'écouter les autres avec attention et de les respecter en tant qu'individus uniques. En pratiquant le Kresnik, on peut apprendre à être plus ouvert et réceptif aux idées et aux perspectives des autres, ce qui peut conduire à des relations plus harmonieuses et positives.

MIEUX COMPRENDRE LES AUTRES

Lorsqu'il s'agit de comprendre les autres, il est important de se connecter à eux sur un niveau plus profond. Le Kresnik peut aider à établir cette connexion en développant notre intuition et notre empathie.

Pour mieux comprendre les autres avec le Kresnik, commencez par vous concentrer sur votre propre énergie. Méditez régulièrement pour renforcer votre connexion avec vous-même et votre propre moi authentique. Cela vous permettra d'être plus à l'aise dans votre propre peau et d'ouvrir votre cœur aux autres.

Ensuite, observez les autres de manière attentive et essayez de vous mettre à leur place. Essayez de ressentir leur énergie et leur émotion, et d'identifier les points communs entre vous et eux. Cela vous aidera à vous connecter avec eux sur un niveau plus profond et à mieux comprendre leur point de vue.

Essayez également de communiquer de manière claire et respectueuse. Évitez les jugements et les critiques et concentrez-vous sur l'écoute active et la communication ouverte. En utilisant le Kresnik, vous pouvez également utiliser des symboles ou des techniques de visualisation pour vous aider à vous connecter avec les autres et à mieux comprendre leur énergie.

Enfin, n'oubliez pas d'être patient et bienveillant envers vous-même et les autres. La compréhension mutuelle et la connexion profonde ne se construisent pas en un jour, mais avec de la pratique régulière et de la persévérance, vous pouvez améliorer vos relations avec les autres grâce au Kresnik.

COMMENT UTILISER LE KRESNIK POUR AMÉLIORER VOS RELATIONS

Lorsque nous cherchons à améliorer nos relations avec les autres, nous pouvons souvent nous sentir bloqués ou incapables de trouver une solution. C'est là que le Kresnik peut nous aider. En utilisant les techniques et les symboles du Kresnik, nous pouvons apprendre à mieux comprendre les autres et à communiquer plus efficacement.

Les techniques de communication du Kresnik

Le Kresnik nous enseigne que la communication est la clé d'une relation saine et durable. En utilisant les techniques de communication du Kresnik, nous pouvons apprendre à écouter attentivement les autres, à exprimer nos propres besoins et sentiments de manière claire et concise, et à résoudre les conflits de manière constructive.

Lorsque nous communiquons avec les autres, il est important de se rappeler que chaque personne a sa propre histoire, ses propres émotions et ses propres besoins. En utilisant les techniques de communication du Kresnik, nous pouvons apprendre à reconnaître ces différences et à communiquer de manière empathique et compréhensive.

Commencez par écouter attentivement l'autre personne. Essayez de comprendre son point de vue et de voir les choses de son point de vue. Une fois que vous avez une compréhension claire de ses besoins et de ses sentiments, exprimez vos propres besoins et sentiments de manière claire et concise. Essayez de trouver un terrain d'entente et de travailler ensemble pour résoudre les problèmes.

Comment utiliser les symboles du Kresnik pour mieux comprendre les autres

Le Kresnik utilise également des symboles puissants pour nous aider à mieux comprendre les autres. Les symboles du Kresnik représentent des idées et des concepts universels qui transcendent les barrières linguistiques et culturelles. En utilisant ces symboles, nous pouvons mieux comprendre les autres et communiquer plus efficacement avec eux.

Pour utiliser les symboles du Kresnik, commencez par apprendre leur signification et leur utilisation. Chaque symbole a sa propre signification et peut être utilisé pour représenter différents concepts et idées. En utilisant ces symboles, vous pouvez mieux comprendre les autres et communiquer de manière plus efficace avec eux.

Par exemple, le symbole du cercle peut représenter l'unité et l'harmonie, tandis que le symbole du triangle peut représenter la stabilité et l'équilibre. En utilisant ces symboles, vous pouvez mieux comprendre les besoins et les émotions des autres, et communiquer de manière plus efficace avec eux.

En utilisant les techniques de communication du Kresnik et les symboles puissants, nous pouvons améliorer nos relations avec les autres et construire des relations durables et satisfaisantes.

Les cristaux dans la pratique du Kresnik pour la communication avec les autres

Dans la pratique du Kresnik, les cristaux peuvent également être utilisés pour améliorer la communication avec les autres. En effet, chaque cristal possède des propriétés spécifiques qui peuvent aider à équilibrer les énergies et faciliter les échanges avec autrui.

Par exemple, le quartz rose est connu pour favoriser l'harmonie et la compréhension mutuelle dans les relations. Il peut être porté sur soi ou placé dans la pièce pour améliorer l'atmosphère et la qualité des échanges.

De même, l'améthyste est un cristal qui stimule la clarté d'esprit et la sérénité, favorisant ainsi la communication constructive et apaisée.

Il est également possible d'utiliser les cristaux pour améliorer la communication à distance, en plaçant par exemple une pierre de lune ou une calcite orange près de son téléphone ou de son ordinateur.

Enfin, il est important de noter que la communication avec les autres peut être améliorée grâce à une pratique régulière de méditation et de visualisation, en utilisant les symboles et les couleurs du Kresnik pour renforcer l'alignement des énergies.

Des témoignages rapportent des améliorations significatives dans les relations interpersonnelles après avoir utilisé des cristaux dans la pratique du Kresnik, que ce soit dans le cadre familial, professionnel ou amical. Il est donc possible de travailler sur sa communication avec les autres en utilisant les ressources naturelles que nous offre la Terre et en faisant confiance aux énergies qui nous entourent.

LE KRESNIK ET LA GUÉRISON

LES PRINCIPES DE GUÉRISON DANS LE KRESNIK

L'IMPORTANCE DE LA GUÉRISON DANS LE KRESNIK

Le Kresnik accorde une grande importance à la guérison, tant physique que mentale. En effet, le bien-être de l'individu est considéré comme essentiel pour atteindre l'harmonie et l'équilibre nécessaires à une vie épanouissante. La guérison est donc un processus essentiel dans la pratique du Kresnik.

Selon cette philosophie, toute maladie ou douleur, qu'elle soit physique ou émotionnelle, est le résultat d'un déséquilibre ou d'un blocage énergétique. La guérison consiste donc à rétablir l'équilibre énergétique et à libérer les blocages, ce qui permet à l'énergie vitale de circuler librement dans le corps.

La guérison dans le Kresnik ne se limite pas à la simple élimination des symptômes de la maladie. Elle vise également à rétablir la santé globale de l'individu en améliorant sa vitalité, en renforçant son système immunitaire et en favorisant son épanouissement personnel.

Les différentes méthodes de guérison dans le Kresnik

Dans le Kresnik, il existe différentes méthodes de guérison, chacune adaptée à des besoins spécifiques. Tout d'abord, il y a la guérison par l'énergie, qui consiste à canaliser l'énergie universelle pour rééquilibrer le corps et l'esprit. Cette méthode est souvent utilisée pour soulager le stress, les douleurs physiques ou encore pour aider à la guérison après une maladie.

Ensuite, il y a la guérison par les pierres et les cristaux. Les pierres et les cristaux sont utilisés depuis des siècles pour leurs propriétés curatives et énergétiques. Chaque pierre a sa propre énergie et peut être utilisée pour guérir différents maux. Par exemple, l'améthyste est connue pour ses propriétés apaisantes et peut aider à soulager l'anxiété, tandis que la tourmaline noire est utilisée pour protéger contre les énergies négatives.

Une autre méthode de guérison dans le Kresnik est la guérison par les plantes et les herbes. La guérison par les plantes et les herbes est souvent combinée à la méditation Kresnik pour une approche holistique de la guérison. Les pratiquants du Kresnik croient que la méditation aide à ouvrir les canaux d'énergie du corps, permettant ainsi aux propriétés curatives des plantes de circuler plus librement. De plus, la méditation peut aider à réduire le stress et l'anxiété, ce qui peut être un facteur contribuant à de nombreux maux. En utilisant des plantes et des herbes en combinaison avec la méditation Kresnik, on peut espérer obtenir une guérison plus complète et durable.

Enfin, il y a la guérison par les pratiques spirituelles, telles que la méditation Kresnik inspirée par des assemblages de pensées totems animaux, couleurs et forme symboliques. Ces pratiques peuvent aider à réduire le stress, à améliorer la concentration et à augmenter la conscience de soi. Elles peuvent également aider à renforcer la connexion entre le corps et l'esprit, ce qui est essentiel pour une guérison complète.

Il est important de se rappeler que ces méthodes de guérison ne sont pas destinées à remplacer un traitement médical professionnel. Cependant, elles peuvent être utilisées en complément d'un traitement pour aider à soulager les symptômes et à favoriser la guérison globale.

LES CRISTAUX DANS LA PRATIQUE DU KRESNIK POUR LA GUÉRISON

Dans la pratique du Kresnik, les cristaux peuvent être utilisés pour amplifier l'effet de la méditation et de la guérison. Les cristaux ont des propriétés uniques qui peuvent aider à équilibrer les énergies et à guérir les blocages émotionnels.

Lorsque vous méditez avec un cristal, vous pouvez utiliser sa vibration pour vous aider à vous concentrer et à atteindre un état de calme et de paix intérieure. Les cristaux peuvent également être placés sur le corps pendant la méditation pour aider à guérir des zones spécifiques qui ont besoin d'équilibrage.

Certains cristaux sont connus pour leurs propriétés de guérison spécifiques, comme l'améthyste pour la guérison émotionnelle et la citrine pour la guérison physique. En utilisant ces cristaux spécifiques, vous pouvez cibler les zones qui ont besoin de guérison et amplifier l'effet de la méditation Kresnik.

Il est important de noter que les cristaux ne remplacent pas les soins médicaux professionnels, mais peuvent être utilisés comme un complément à ces soins pour améliorer le processus de guérison. L'utilisation de cristaux dans la pratique du Kresnik pour la guérison peut être une méthode puissante pour aider à équilibrer les énergies et à atteindre un état de bien-être optimal.

LES MODES DE GUÉRISON

LA GUÉRISON PAR LES COULEURS ET LES FORMES

Le Kresnik est une méthode de méditation qui peut aider à améliorer votre santé mentale et physique en utilisant les couleurs et les formes pour la guérison. Les couleurs et les formes ont une énergie vibratoire qui peut affecter notre corps et notre esprit.

Dans la pratique du Kresnik, chaque couleur et forme est associée à une énergie spécifique qui peut aider à guérir certaines affections. Par exemple, le rouge est associé à l'énergie de la force vitale et peut être utilisé pour stimuler le corps et l'esprit. Le bleu est associé à l'énergie de la guérison et peut être utilisé pour soulager les douleurs et les inflammations.

Les formes géométriques ont également une énergie spécifique qui peut aider à la guérison. Par exemple, le cercle est associé à l'énergie de l'unité et peut être utilisé pour harmoniser les énergies du corps. Le triangle est associé à l'énergie de la créativité et peut être utilisé pour stimuler l'imagination et la créativité.

Dans la pratique du Kresnik, les couleurs et les formes peuvent être utilisées dans la méditation pour aider à guérir le corps et l'esprit. Par exemple, vous pouvez visualiser une couleur ou une forme spécifique pendant la méditation pour aider à libérer l'énergie bloquée dans votre corps.

Des témoignages de personnes qui ont utilisé cette méthode de guérison ont montré des résultats étonnants. Certaines personnes ont rapporté une amélioration de leur état de santé physique, tandis que d'autres ont vu une amélioration de leur santé mentale et émotionnelle.

LA GUÉRISON PAR LES ÉLÉMENTS NATURELS

La guérison par les éléments naturels est une pratique ancienne et puissante. Le Kresnik utilise cette méthode pour aider à rétablir l'équilibre physique et mental d'une personne en utilisant les énergies de la nature.

L'élément de la terre peut être utilisé pour aider à réduire le stress et l'anxiété en apportant une sensation de stabilité et de sécurité. La pratique consiste à s'asseoir sur le sol et à se connecter avec l'énergie de la terre en visualisant ses racines s'enfoncer profondément dans le sol.

L'élément de l'eau peut être utilisé pour nettoyer les énergies négatives et pour aider à calmer l'esprit. La pratique consiste à se tenir près d'un cours d'eau, à écouter le son de l'eau et à visualiser l'eau qui lave toutes les énergies négatives.

L'élément du feu peut être utilisé pour aider à stimuler l'énergie et à apporter une sensation de force et de pouvoir intérieur. La pratique consiste à allumer une bougie ou un feu de camp et à se concentrer sur la flamme tout en visualisant son énergie qui brûle toute négativité.

L'élément de l'air peut être utilisé pour aider à améliorer la clarté mentale et la concentration. La pratique consiste à s'asseoir dans un endroit où il y a une brise légère, à respirer profondément et à se concentrer sur la sensation de l'air entrant et sortant de ses poumons.

Le Kresnik peut également utiliser une combinaison de ces éléments pour aider à équilibrer les énergies d'une personne. Par exemple, la pratique consiste à se tenir près de la mer où l'on peut ressentir l'énergie de l'eau et du vent, tout en visualisant les racines qui s'enfoncent dans le sol.

Les témoignages de ceux qui ont utilisé la guérison par les éléments naturels avec le Kresnik ont rapporté une amélioration de leur bien-être physique et mental. Ils ont ressenti une sensation de paix et de calme, ainsi qu'une amélioration de leur énergie et de leur concentration.

LA GUÉRISON PAR LES ANIMAUX TOTEMS

Dans la pratique ésotérique du Kresnik, les animaux totems peuvent être utilisés pour la guérison. Chaque animal totem est associé à des énergies spécifiques qui peuvent aider à guérir certaines maladies. Par exemple, le loup est souvent associé à la force et au courage, et peut aider à guérir des problèmes liés à la peur et à la faiblesse.

Le cerf est souvent associé à la grâce et à la légèreté, et peut aider à guérir des problèmes liés à la rigidité et à la lourdeur. Le renard est souvent associé à l'intelligence et à l'astuce, et peut aider à guérir des problèmes liés à la confusion et à la méprise. L'aigle est souvent associé à la clarté et à la vision, et peut aider à guérir des problèmes liés à la confusion et à la perte de direction. Le serpent est souvent associé à la transformation et à la régénération, et peut aider à guérir des problèmes liés à la stagnation et à la résistance au changement.

Il est important de se rappeler que l'utilisation des animaux totems pour la guérison ne remplace pas les traitements médicaux conventionnels. Cependant, cela peut être un complément utile et efficace pour aider à guérir des problèmes émotionnels et spirituels. En somme, le Kresnik peut être utilisé pour la guérison de diverses maladies grâce aux énergies associées à chaque animal totem.

Les applications de guérison du Kresnik

Comment le Kresnik peut aider à guérir les blessures émotionnelles

Le Kresnik peut vous aider à guérir vos blessures émotionnelles les plus profondes, celles qui peuvent provenir d'événements traumatisants du passé. Ces blessures peuvent prendre différentes formes, comme la trahison, l'abandon, l'injustice, la culpabilité ou encore la honte. Elles peuvent avoir des origines variées, allant de la petite enfance aux événements plus récents, et peuvent avoir des conséquences négatives sur votre vie, comme le stress, l'anxiété, la dépression, la colère ou encore la peur.

Les cristaux peuvent être une aide précieuse pour surmonter ces blessures émotionnelles et retrouver la paix intérieure. Certaines pierres, comme l'améthyste, la citrine, la rhodonite, la tourmaline noire ou encore la turquoise, peuvent être associées à une méditation Kresnik pour guérir ces blessures émotionnelles.

L'améthyste est une pierre qui apaise les émotions négatives et les pensées stressantes, elle permet de calmer l'esprit et favorise la méditation. La citrine, quant à elle, est une pierre qui apporte de la joie, de l'optimisme et de la confiance en soi. La rhodonite est une pierre qui aide à guérir les blessures émotionnelles liées à l'amour et aux relations, elle favorise l'empathie et la compassion. La tourmaline noire est une pierre de protection qui aide à se libérer des énergies négatives et à retrouver l'équilibre émotionnel. Enfin, la turquoise est une pierre qui permet de communiquer ses émotions de manière claire et honnête, elle favorise l'ouverture et la compréhension mutuelle.

En associant ces pierres à une méditation Kresnik, vous pouvez renforcer leur effet et vous aider à guérir vos blessures émotionnelles. En vous concentrant sur ces pierres pendant votre méditation, vous pouvez vous connecter à leur énergie curative et vous libérer des émotions négatives qui vous retiennent. Prenez le temps de vous écouter, de vous aimer et de vous guérir grâce à la magie du Kresnik et des cristaux.

COMMENT UTILISER LE KRESNIK POUR LA GUÉRISON PHYSIQUE

Dans le Kresnik, la guérison physique est considérée comme une extension de la guérison émotionnelle. Les blessures physiques peuvent être causées par des accidents, des maladies ou même des blessures psychologiques non résolues qui finissent par se manifester physiquement. Les cristaux sont utilisés dans le Kresnik pour aider à stimuler la guérison naturelle du corps.

La pierre de quartz rose est l'une des pierres les plus utilisées en Kresnik pour la guérison physique. Elle est connue pour aider à soulager la douleur et à stimuler la circulation sanguine, ce qui accélère le processus de guérison. Le cristal d'améthyste est également un choix populaire pour la guérison physique. Il est connu pour aider à stimuler le système immunitaire et à réduire l'inflammation.

Les pierres précieuses telles que la citrine et la tourmaline noire sont également utilisées pour la guérison physique en Kresnik. La citrine est connue pour aider à renforcer le système digestif et à stimuler le métabolisme, tandis que la tourmaline noire est utilisée pour soulager la douleur et améliorer la circulation.

Pour utiliser ces pierres dans une méditation Kresnik pour la guérison physique, il est recommandé de les tenir dans votre main dominante pendant que vous méditez. Vous pouvez également placer les pierres sur les zones du corps qui ont besoin de guérison. Les cristaux aident à amplifier les énergies de la méditation Kresnik, ce qui peut aider à accélérer le processus de guérison et à soulager la douleur plus rapidement.

CONCLUSION

Au cours de ce livre, nous avons exploré différents concepts clés du Kresnik pour le développement personnel. Pour récapituler, voici les principaux points à retenir :

- Le Kresnik est une pratique de méditation ésotérique qui peut aider à développer sa spiritualité et à améliorer sa vie.
- Les symboles du Kresnik ont des significations profondes et peuvent être utilisés pour trouver l'inspiration, se connecter aux autres et améliorer sa créativité.
- Les cristaux sont utilisés dans la pratique du Kresnik pour la guérison et la communion avec la nature.
- Le Kresnik peut aider à guérir les blessures émotionnelles et physiques.
- Enfin, le Kresnik peut être utilisé pour le développement personnel, en aidant à se concentrer sur ses objectifs et à développer sa conscience spirituelle.

En pratiquant régulièrement le Kresnik, vous pouvez développer une meilleure compréhension de vous-même et du monde qui vous entoure, ainsi que vous connecter avec votre essence spirituelle. Vous pouvez également utiliser cette pratique pour améliorer votre créativité, guérir vos blessures émotionnelles et physiques, et atteindre vos objectifs personnels.

www.ingramcontent.com/pod-product-compliance
Lightning Source LLC
Chambersburg PA
CBHW020525160726
47992CB00016B/999